なりたい母ちゃんにゃなれないが

失敗たくさん、時々晴れの迷走育児録

須藤暁子
Akiko Suto

集英社

はじめに

この本を書くにあたり、たった6年ぽっちの子育てを振り返ってみますと、長男を産む前に想像していた、理想の自分の姿はどこにもありません。

頭の中では私はよく笑っていて、仕事との両立もそう苦しくなく、いつも前向きに子どもをほめて、毎日美味しいごはんを作り、お部屋もピカピカ。

でも現実の私は、気ばかり焦って何もできないくせに、彼らを傷つける言葉を的確に選んで、ちゃんと刺さるように投げつけています。こんなときばかりは冷静に。その都度反省をして、本気で泣いて、後悔するくせに、たった数時間後には同じことを繰り返す。誰かに辛さを吐き出したくて、子どもにさえ自分の苦労を力ずくでわからせようとしています。

私は、いいお母さんにはなれない、私は子どもを産む資格なんかなかったのかもしれない。

いつからか、妄想の自分が、生きている私を苦しめるようになりました。


「子どもがほしいのは母ちゃんの笑顔」

「人に任せちゃいなさい」

「手抜きをしたって死なない」

そんなことも、何百万回も言われたわい！


でも渦中にいると、誰に何を言われても、客観的になんか自分を見られないのです。

だから、私は決めました。もう今は、思いっきり苦しもうと。


今は、苦しい時期で、辛い時期で、良い。

子どもを産むまでの生活が自由だっただけだ。これまでの壁が、自分の努力でなんとか越えられるものだっただけで、もう自分は「親」という全く別のステージに立った。それは、私たちが優しくなるために必要な「育自」のステージ。

子育てをしていて思うことは、私の「なりたい母ちゃん」と、子どもたちにとっての「一番の母ちゃん」は違うということです。家が綺麗であってほしいとか、ごはんが手作りであってほしいとか、そんなことじゃあないんだよね。

子どもにとっての最高の母ちゃんは、「そのまんまの私」なんだろうと思います。私が私らしく、笑ったり泣いたり怒ったり、いっぱい失敗して、たくさん悩むのも、私が私である証《あかし》。怒って、泣いて、一緒に成長していこう。子どもも、お母さんも、自分を許すことができればきっと楽しい。

私たちは絶対に孤独ではありません。

理想の人になんてなれないけれど、私たちは幸運にも生きることができています。

そのありがたさを、私はちっぽけだけれども、伝えたいのです。

私の息子たちも、保育園から幼稚園、小学校へとそれぞれの新しい階段を上り始めました。子どもの生活スタイルが大きく変わる中で、日々の生活でぶつかる壁やハプニングは多様化しています。親も子も、毎日初体験。迷走し、混乱し、正解が何かもわからないのです。

さらに、きっとこれからも自分にはコントロールできない問題が起きてくるのだと思います。まさに今はその洗礼を受けている時期なのでしょう。私たちや子どもたちを含め、誰かに非があるのではありません。きっと全員にとって初めての経験で、ただ対処法がわからなくてパニックを起こしているだけなのです。

問題のど真ん中にいると、とてつもなく深刻な方向に傾いてしまうものですが、10年後の自分から見たら、今悩んでいることはとても小さく感じるでしょう。いつでも私が相談する10年後の自分先輩は、「今それどころじゃないから！　もっと大問題が起きているから！」と、笑い飛ばしてくれています。

それに、「生きてりゃ、それだけで奇跡なんだから！　贅沢言ってんじゃないよ、もっと今に感謝しなよ」と、聞こえてきます。

さあ、苦しもう、さあ、もがこう。

そして毎日同じことを繰り返して、反省して、ちっぽけなりに生きていこう。速くなくていい、そこに笑いと涙と感謝を乗せながら、コメディのような人生をジリジリと生きたい。

なりたい母ちゃんにゃなれないが、あんたの母ちゃんなのだから。それだけで十分だ。

須藤暁子

なりたい母ちゃんにゃなれないが
失敗たくさん、時々晴れの迷走育児録

目次

第1章 心にとめておきたいが……

第2章 行なってみたいが……

第1章

心にとめておきたいが……

心❶ 思い通りにできなくなって、楽になった

たくさんのことを、「子どものために」やろうとしてきました。
たくさんのことを、「子どものために」やらないと決めていました。
でも、**そんなのいらなかったな**っていう話。

「テレビを見せず、静かな環境で育てなさい」
いいえ、Eテレにお世話になるようになってから、子どもはたくさんのことを学びました。

「親らしくしなさい」

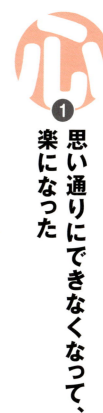

髪型も、服装も、自分の好きなようにしたら、子どもたちがママ可愛いって言ってくれます。

「親らしい」より「自分らしい」で私がご機嫌な方が、子どもは嬉しいみたい。

「戦隊ものは乱暴になるから」

だから見せたくなかった、でも幼稚園で覚えてしまいました。うちで見なかった時よりも、むしろ優しく、頼もしくなりました。幼稚園のお友達、教えてくれてありがとう。

「添加物がどう」「手作りがこう」

どれだけ頑張っても、できない時がありました。頑張るほど報われないと、たくさん泣きました。

たまに手抜きをしたら、私、笑えるようになりました。

育児書に載っていることも、「子どものために」っていうあの人のコトバも常識も世間の目も、子どもには優しいけれど

私たちには、優しくない。

私たちは母親で、どうしたって、育児書より、あの人より、世間より何万倍も子どものことを考えているのだから、

大丈夫、自信をもって。
私は、私のやり方で思うことをやる。

それは私のためで、それは子どものためなのだから。
「ああ、やれないや」ってなった方が、私は楽になれたことがいっぱいある。

2

子どもに丁寧に向き合えないことに悩む人へ

ある時「すごく丁寧に子どもと向き合っていてお子さんは幸せですね」というような内容のコメントを、ブログにもらったことがあります。

その時の私は、子どもに向き合えないことに悩んでいたので驚いてしまいました。

私はSNS上で、そう見えるんだ。**私も全然できていないのに、**変にプレッシャーを与えてしまったのかなと。

私は丁寧に向き合うどころか、（その時の）時間効率ばかり考えて、自分の都合が悪いこと、なんとなく説明しづらいこと、ごまかしてしまいます。

「先生に怒られるよ」

「鬼が来るよ」

「小学校に行けないよ」


子どもが言いました。

「学校怖い、行きたくない」

「鬼が怖い、眠れない」


先生に怒られるからじゃなく、鬼が来るからじゃなく、「ママはこうしてほしい」

「他の人に迷惑がかかる可能性を考えられるようになってほしい」のに、なかなか全てを説明するのって難しいですよね。特に仕事に行く前の朝は、「いいから！」

「早く！」で終わらせてその場だけを乗り越えられればいいと。


このコメントをくれた人は、きっと私と同じなんじゃないかな。丁寧に向き合うことが正解だけど、自分の行動は不正解だと悩んでいる。

でもね、こんなこと考えたって、結局小学生にもなればもうなんでも（大人の事情も）わかっているみたい。

子どもの方がよっぽど空気を読んでいることだってたくさんあります。

急がば回れってとてもいい言葉だし、一回一回子どもの発言に丁寧に向き合える人をうらやましいなって思ったりもします。そりゃあさ、できれば私だってそうしたかったけれど、無理な時はぜーったい、無理なんだわ!!

人それぞれ、他人と自分は、得意分野も考え方も違うから。

「こうしないといけない」に縛られなくていいと思うのです。私たちも、子どもたちも、**誰かと同じ人になんてなれない。**

それだったら、もう、考えなきゃいいじゃんって思うようになってきた。子どもと一緒に寝ちまうほうが、お互いの心、よっぽど柔らかくなる気がしてね。

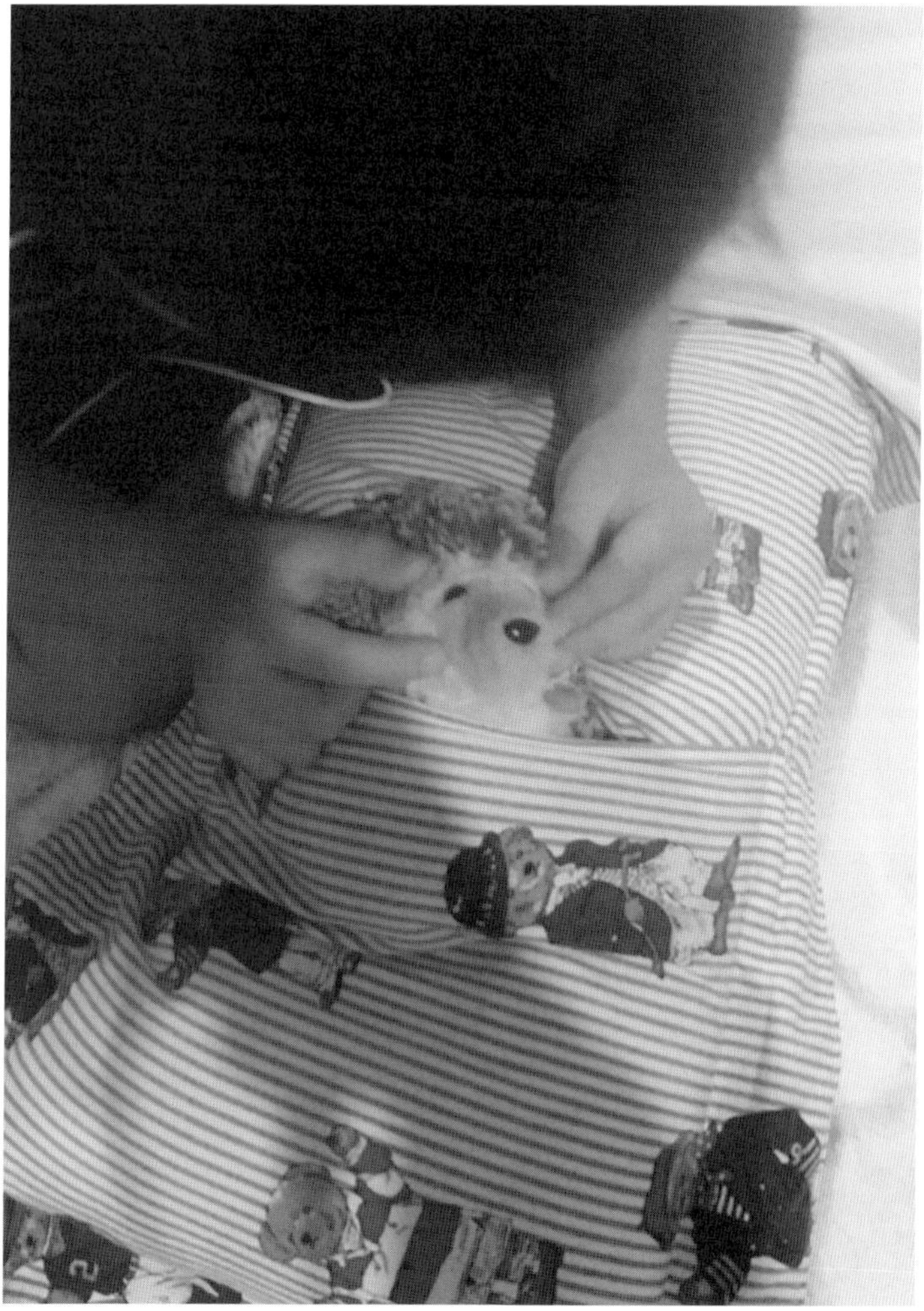

心 3 お母さんになりたい

私は、「お母さん」じゃないんじゃないかと、思うことがあります。

今日は久しぶりに夫と一緒にとれる夕食でした。

嬉しくて、楽をしたくて、私は外食を希望しました。

ファミリーレストランに入る前、息子がごねました。ほんのささいなことです。でもその時私もひけなくなって、とことん付き合おうと決めてしまいました。店の外で大泣きでしたが、久しぶりの外食だったので怒るまいと決心し、二十分ほど説得してようやく店内へ入ることができました。

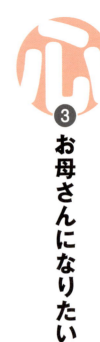

でもそのあとも、彼はメニューも見ずにまたギャンギャン泣きはじめました。店員さんをずっと待たせているし、**他のお客さんからの視線が痛い**ような気さえしてきます。

仕事で疲れていることもあり、私はある瞬間でブッチーン！！！　とキレてしまいました。

泣きすぎて嗚咽《おえつ》している息子を担《かつ》ぐようにして、店の外に飛び出しました。それどころか、私はあまりの怒りに外に出るだけでは足りず、彼を引きずるようにして家まで帰ってしまいました。

「せっかくパパがいる日に！」
「皆でごはんを食べられるのを楽しみにしていたのに！」
「こうやってつまらなくなった皆の時間を返して！」

大人げなく、感情をむき出しにして、思いつく限りの「私が怒っている理由」を、家までの道中で息子にぶつけました。

今考えると、**癇癪《かんしゃく》を起こしているのは私の方だった**のだろうと思います。

本当に些細なことだったのに。

どうしていったん止まれないのだろう。

どうしてほんの少し、おおらかになれないのだろう。

何かの本で「お母さんは子どもの全てを許すことができる唯一無二の存在」と読んだことがあります。

私って、なんにも許せていないんじゃあないか。

自分が仕事終わりで疲れているとか、この日を楽しみにしていたことをわかってほしかったとか、そんな子どもみたいな理由を、大人の言い方で正しい事のようにしてしまう自分が憎らしい。

そんなのさ、息子だって一緒なのにね。ごねたいときだってあるし、何を言われてもイライラしちゃうときだってあるのにね。親だからって、大きい声と怖い顔で、

彼のSOSもねじ伏せてしまっているのだよなあ。


痛くない！　そのくらいで泣くな！

嘘をつくことは許さん！　絶対に！

時は金なり！　早く早く！　早くしろ！

米粒を残すな！　米には神様がうんぬんかんぬん……


今日はせっかく夫がいたのに、私は父親の役割まで奪って頑固に彼を叱っていました。すべてのことに目を光らせて眉間《みけん》にしわを寄せていました。

「パパがいる日」を満喫していないのは私だった。

私がやるのは、**「お母さん」だけでいいはずの日だったのに。**

いつも一人で怒って心がつぶれそうになっているのです。

もう少し「許す」お母さんでいたいな。子どもを許すために、まずは自分を許せるように。

そうじゃないと、ひげが生えて生えて処理が追いつきやしないから。

なんだか耳の後ろから、あの匂いがしてきちゃったよ。

そうして、反省をした翌日に、また**昭和の頑固おやじが登場**することは言うまでもありません。

トホホのホ。

４　やってみたいのは「子どもと自分を信じまくる」こと

毎日あたふたと、時間に追われています。

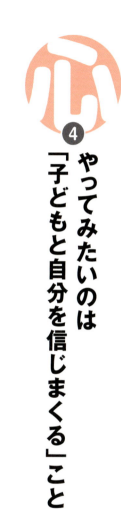

どれだけ急いでも、どれだけ時代が進んでも道具が便利になっても、決して楽な生活になっているとは言えないです。その分私たち母親に課せられる（ような気がする）**ハードルはどんどん増えていく**ように感じてしまうから。

仕事をしながらも、子どもは「まとも」に育てなければならない。あふれる情報の中で、子どもに与えるものは安全や安心を考えて選択をしなさい。すべては親の責任、遊びもお友達関係も見張り、他人に迷惑をかけないように個性をたたき割ることもある。子どもが困らないようにと、学校の先取りをするように習い事を詰めこむ。＋α、子どもの才能を見つけようとするあまり、お金も時間もドボドボと流し捨てながら、**我が子の生きる道をあさるように生きている**気さえしてきます。

これじゃあ、子どもも母親も、何のために生きているのか、何のために一緒にいるのかもわからないし、私たちの行く末も見えないなって、思ってしまいました。頑張っているつもりでも、だんだんと自分の子どもが個性的な方向に進んでいき、どうやら他の子と同じ行動はとらない子だとわかってきて。私の育て方のせいだと自分を責めたくなるような出来事もたくさん起きるようになり、どうしてこうなのよ、なんでうちだけって、何度も悔しい気持ちになるのです。

とはいえ、時にはギブアップ！　って叫んだっていいし、泣いたって、わめいたっていいと思うのです。だってしんどいんだもん、だって不安なんだもん。

「はやく、**未来からやってきて、正解を教えてよ。**知っているんでしょう。私はどうすりゃいいのよ」って、目に見えない誰かさんにあたったりして。

でもね、何があっても「自分の子どもを信じまくる」ってことを、やっぱりやっ

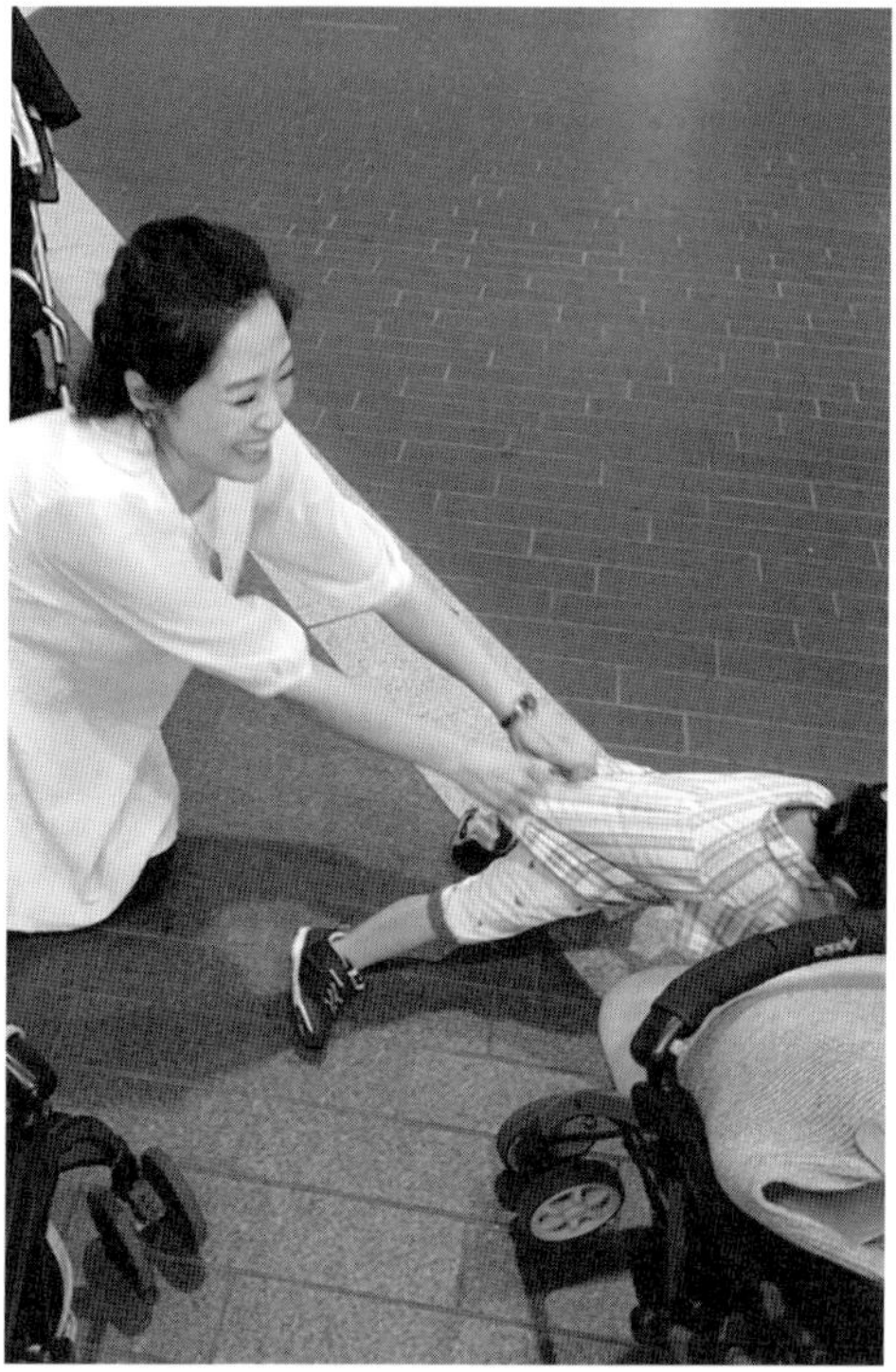

てみたいのです。人によっては、子どもと合わないことだってあるだろうけれど、「うちの子なんか」って言わない。「個性的でしょう」「面白いでしょう」「少し違っても、両方いいね」って、ちゃんと言ってあげるために、今は今の彼らを、目に沁みるほど見たい。彼らがどんな方向に進もうが、自信を持って

「母親です」「私は彼らを信じています」

と、言えるようになりたい。

子どもと自分が生きてりゃこれ以上ないほどうれしいのに、すぐに忘れてしまうんだよね。

うるさいし、暴れん坊で、お調子者、腹も立つけれど、全部ぜんぶが、**そのまんまで十分**なんだろうね。無理しなくたって、直さなくたって、今に直ってしまうのだろうね。

ちゃんと信じて、子どもも、自分も、少し緩めたいなあ。

5 精いっぱいな自分を許そう

みんな！　あの人を目指すの、やめよう！

だって、自分なりに「精いっぱい」やっているんでしょう？

他の人たち、良い母親に見えるよね、でも悩んでいる。キラキラしているでしょう、でもきっと心はいつも満たされているわけじゃない。

すごく辛いことも、言わないことも、ある。

悩むこと、頑張ること、無理すること、考えること、笑うこと、それ自体が、全部ちゃんと子育てで、ちゃんと親育て。だから、自分なりでいい。

みんな！「子どもに悪かった」って反省しすぎるの、やめよう！

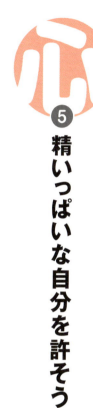

だってその時は、精いっぱいやっていたんでしょう？

私たち、今まで感じたことのない制御できない怒りの中で、彼らを殺《あや》めるかわりに、その言葉を発したの。そりゃあ尖《とが》ってもいるさ。いちばん、鋭いやつを選んだのだから。子どもたちはその言葉の痛みを知る、

その言葉の裏の愛情も、きっと知る。

みんな！　周りを見るのやめよう！

今、精いっぱいなんでしょう？

誰かのことを羨《うらや》んだり妬《ねた》んだり調べたり、比べる時間があるのなら、目の前の手が届くものをめいっぱい触ろう。画面なんか見ていないで、自分にしか見えないこの光景を満喫しよう。それがどんなにうるさくて汚くても、いいのだから。

「精いっぱい」だから、
一つ一つの決断は、それ以上にはなれない。

「精いっぱい」だから、
あの時、今、これからの決断は、全部がベストなのだと許す。

いいの、できなくても、わからなくても、不安でも。
「精いっぱい」だから。

自分を許すと、「これでいい」が自信にかわる。
私はこれでいい、これがいい、これが最高！
だって「精いっぱい」やっているのだから!!

できないこと、やれないことばっかりでいい、

一つでもできたなら、全身でほめていい。
「いい子いい子してあげた」でいい。
「口から食べられた、ちゃんとうんちが出た」が、一番いい！

6 立派な子どもっていないの？

息子が聞いてきました。
「どうして学校があるの？」

うーん……。
社会性を身につけるため？
将来困らないように？

私も親になったなあ、**普通のことしか思いつかんなあ**と、
逆に「なんでだと思う？」と聞いてみました。

息子は言いました。

「立派な大人になるため」


ああ、これはいかん。

私の圧力により、すでに大人が言いそうなことを言い始めた。

と思ったら、

「立派な子どもっていないの？」

と子どもらしい質問が飛んできて。


確かに‼

大人だから立派ってわけではないね。

立派って誰が決めるんだろうね。

子どもだって、できることを頑張っているよね。

生きていること自体、すごいよね、立派だよね。

でもさ、死んじゃっても、立派だよね。
そうしたら、みーんな、立派だね！

もう、私たちは立派なのだそうです。
子どもとの会話は、自分が自分であることを認めてくれます。
もっともっと、子どもが話すことに耳を傾けよう。

私たちは、もう立派。
なんてハッピーで、誇らしくて、頼もしい考え方でしょう。
私もあなたも子どもたちも、
本当に立派で、頑張っていて、
このままでじゅうぶん。

7

プライドを捨てることにプライドを持つ

ある時ブログで、自分が洗濯物の山に埋もれて寝てしまったことを書いて、朝になってもその山が残っていたと証拠の写真を載せたら、すごく喜んでくれた人が多くいました。「一緒です!!　ありがとう！」だったり、

「うちよりひどい!!　最高！」

だったり。

私のブログは、自分が診察をしない人にも元気を分けてあげられたらと思って書いていたはずなのに、今一つ殻《から》を破っていなかったのだと気が付きました。頑張って作った品数《しなかず》の多いごはんとか、綺麗に掃除した時の家とか、無意識に整えたもの

だったのだと。

もちろん、普通はそれでいいのだと思います、生活もあるし、職業によっては好感度とかを考えなくてはいけないし。

でも私は医者として母として、生きていることが最高で、子どもたちを生かしていることに自信を持っていいいんだよと伝えたいときに、それでいいのかと考えました。

私がWEB上に存在する意味は、「私が必死で生活している」「私が命を懸《か》けて子どもを守っている」「私自身が生きていることを喜んでいる」ってことを、**どん**

なにみっともなくてもいいから、見せることなのだと確信しました。

「お医者さんなんだからできるでしょう」「悩みなんかないでしょう」ではなく、母親というスタートラインは全員同じ場所にあるんだということを示せるから。

それからは全く修飾なく書くことができるようになり、人なみに太り、もめ事もあり、すっぴんをさらしながら生きることが心地良くなりました。

職場で「ブログ読んだよ。散らかってるんだね」なんて言われて言い訳したいときもありますが、自分で決めたことにプライドを持っているのでへっちゃらです。

実際に私に関わってくれる人はどんなことがあってもきっといなくならない、私のブログを読んでくれる人はきっと信じてくれる。

できないこと助けてほしいこと、**ちゃんとさらけ出せたら、**けっこう世界が変わるよ、という話でした。

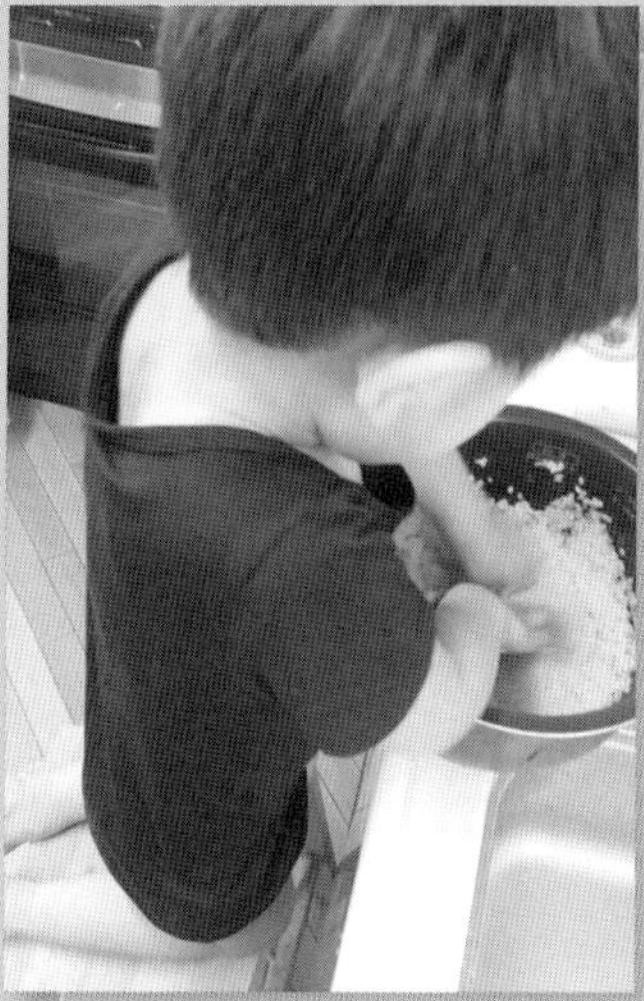
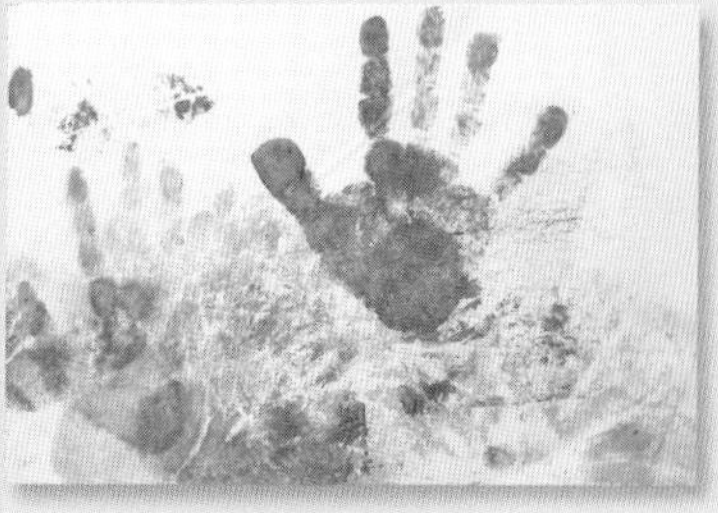

8 自分で決めてまずやってみな

「殻をやぶりなさい、他と一緒なんてつまらない」
「人と違うのがかっこいい」
「好きなことをやって生きていこうぜ」

最近よく聞くこういうの、確かに魅力的で、惹きつけられる言葉です。

でも、**「殻をやぶらなくてはいけない」という殻をやぶれていない**ように思えますし、こういう考えの小さな枠にしっかりおさまっているようにも聞こえてしまいます。

人と同じでいい、ほとんどが平凡だっていい。ただ自分の好きな分野が何か見つかって、それを高めるべく努力できる環境があったら、そちらが最高にラッキーというだけで。

「大きな夢をもって走る」のも「今ここにある幸せを大切にする」のも、すべて、人それぞれ。決して全員が違わなきゃいけないなんてことはなくて、どちらも良いし、必要だと思う。

どちらかにこだわること自体が、選択肢を狭めることになるから、

もっともっと柔軟に。

人と違うように見える人は、自分がこれだと決めた部分が突き抜けているだけで、他はそんなに変わっていないのかもしれない。

好きなことばかりをして生きているように見える人だって、きっと嫌いなこともしている。

格好悪いところもいっぱいあるから格好いい。

それに気が付くかどうかも、きっとやってみなくちゃわからない。
だから子どもたちに、自分で決めてまずなんでもやってみなって言えるように、偏見なく、今あるものに感謝をできる人間でありたい。

自分の殻も、弱虫のところも、大切にね。
破りたければ、自分で努力をして、いつでも破りなね。

どちらも、とてもいいよね。

❾「個性的」＝「変わっている」⁉

「ちゃんとして」「なんで普通にできないの」「周りのことを考えなさい」

こうやって、一般社会に出ても困らないようにと、彼の進もうとする道を矯正してきました。

でも、いざ冷めた答えが返ってきたり、あまりにも埋もれている我が子を見ると、「もっと自分を出していいんだよ」とか「そんなつまらないことを気にするな」とか言ったりします。本当は、**彼だけの良さとか、特徴みたいなものを見つけたい**と、母親だから思っているのでしょう。

子どもも混乱しているらしく、「ママがちゃんとしてって言うからやったのに」

なんて、耳の痛い事を言われてしまいます。

私は親になってから、「個性的だね」って言われることが大嫌いでした。「個性的」や「お医者さんに見えないね」「これじゃあ子育て大変でしょう」、幼稚園でも電車の中でも、何回言われたかわかりません。

私に「個性的だね」って言ってくるのは、「変わっているね」と同義語だと思っていて。

だから**個性的＝敵のような気さえして、**なんとかそれを言われないように人前で子どもたちをねじ伏せようと頑張っていたのかもしれません。

でも、私やこの子にとってはこれが「普通」だから。私たち、それ以外を知らないしねぇ。知る必要もないから、『個性』という言葉は、頭の中で『才能』と置き換えることにしました。

すると、突然目の前が広くなって、子どもたちの奇行（笑）も、「個性的だね」という言葉も、少し笑えるようになったのです。

私たちの才能は計り知れません。子どもたちはもちろんですが、母親だって子どもの才能をのばす才能があるからこそ『個性的』と言われる。

そう考えたら、もう私には才能しかない！

どんなに子どもが『個性的』でも、私たちは自信を持ってこの子の母親でいいのだと思います。

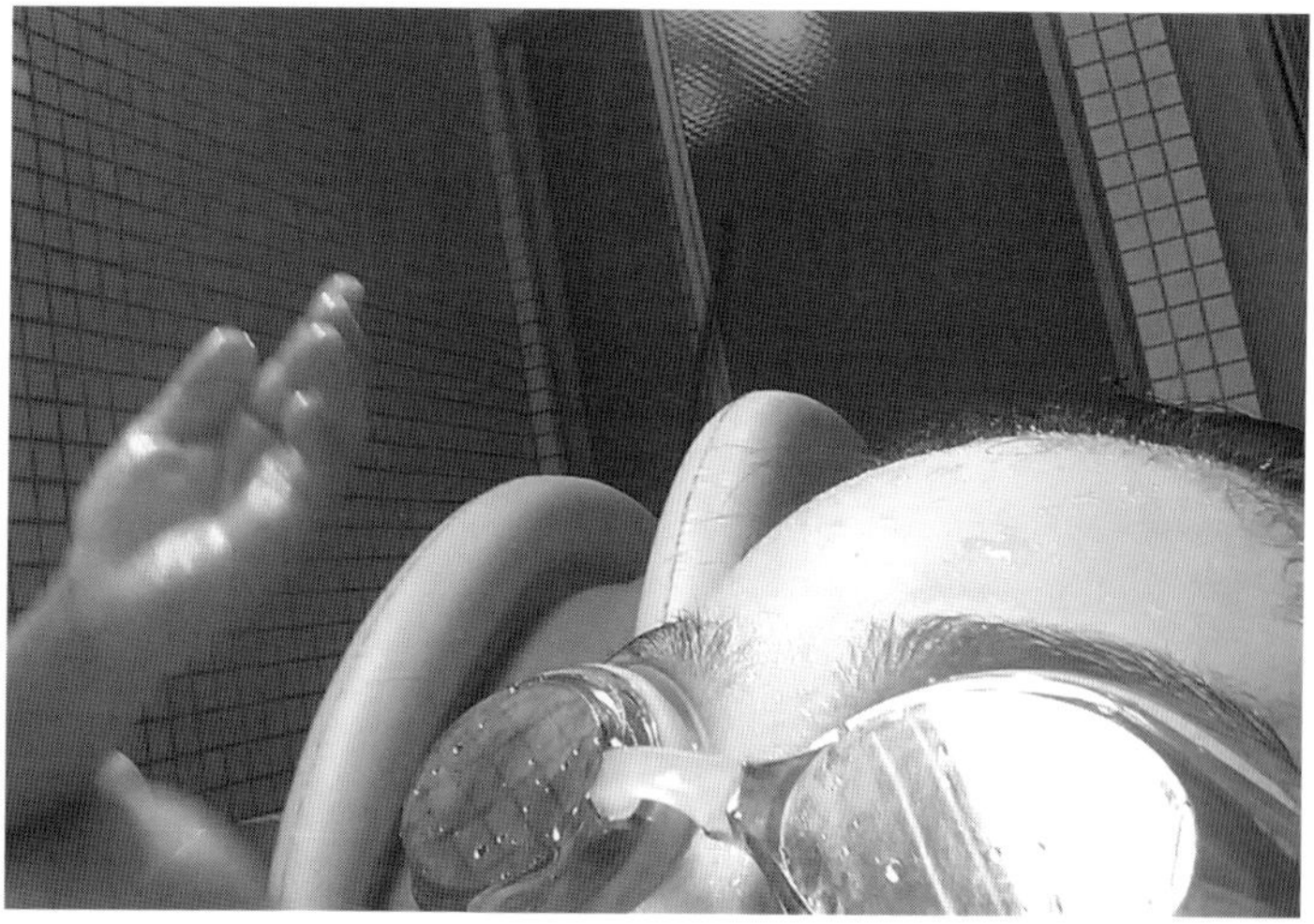

⑩ 悩みは変化し続けるものだから

子ども（特に長男）が生まれた頃は、おっぱいを飲まないとかうんちが出ないとか、夜泣きとか、そういう動物的な悩みに振り回されました。

自我が出てくる2～3歳では、イヤイヤ期やお友達とのかかわり方で悩みました。

そして5～6歳ではぐんと悩みの種が広がって、小学校のこと、周りの子のこと、将来のことまで考えるようになりました。

それにこれから、学校生活や塾、思春期を迎えてどんどん複雑で解決しにくい悩みが増えてくるはずなのです。


その都度くよくよと迷ってしまうけれど、きっとなるようにしかならないよな、あんなに不安にならなくてもよかったなあと、次男を育ててみてわかりました。何でもかんでも大雑把に扱われてきた次男は、それはそれは伸び伸びしています。お兄ちゃんの行動や怒られるポイントを瞬時に捉える能力も兼ね備えています。それはそれはたくましく生きています。

だから不安を無駄に増幅される必要はない、

どうやっても私の子どもとして育つから。

誰かとトラブルになったり失敗したときに、自分の力で巻き返せるか。どうにもならないって気付いた時に、ちゃんと親や他人を頼れるかどうか。一人の人間として彼らの意思を尊重し、時には見守り、時には背中を押していくことを、親の役割として考えていけるように、私も立ち止まってはいられないのです。

子育て以上に、日々に彩り《いろど》を与えてくれるものはありません。

寂しさも嬉しさも、苦しみも喜びも。
私の人生は君たちのおかげでカラフルだ！

11

「いい子」の定義を変えちまえ！

お母さんの言うことに「はい」って返事をする。
準備を一人でできる。
忘れ物をしない。
洋服を汚さない。
ごはんをこぼさない。
言われなくても挨拶ができる。
大人みたいな気遣いの言葉をかける。
空気を読む。
寝る前に騒がない。

お母さんを困らせない。

すごくいい子、
そんでもって、どうでもいい子。
親にとっていい子。
もはや大人。

私はどうしても、
「もっといい子になりなさい」
「ちゃんとして」
そう言って、子どもらしさも、
無邪気な可愛げも全部潰そうと
する時があります。

でも、本当はそうじゃなくてもいいとも思う。
どんどん大人になっていく君たちを見て、**いつまで「子育て」なんてさせてもらえるんだろうって**ポツンと置いていかれるような寂しさを抱えてもいます。

親を困らせないのがいい子じゃなくて、
親を困らせてくれるのがとってもいい子だとしたら？

うちの子たち、世界一のいい子かもしれない！！！！
いや、間違いなく、**私の世界では、一番のいい子だ！**

「いい子」の定義、変えちまえ！

12

世界一の子育て法

「世界一の子育て法」って、何だろうと考えました。

私は子育てのスペシャリストでもなく、いろんな子を見てきたわけでもない、ただの二人の男の子の母ちゃん。迷走している証拠に、「世界一の子育て法」というキャッチーなタイトルのネット記事に飛びつき、自分の子には全然当てはまらない子育て法を、朝四時に読んでいることに後悔をしています。

読まなきゃよかった。時間がもったいなかった。

でもおかげで、世界一の子育て法が何かわかりました。

しょう？

世界一の子育て法は、私たち、もうしている。

世界一の子育て法は、私たち親が今やっている子育てだ。

だって、自分の世界のことしかわからないのだから、絶対にその中では一番でしょう？

どんなに怒ったって、ひっぱたいちゃったって、ちゃんと反省して子どもを愛してごはんを食べさせているのでしょう。悩みながらも、ちゃんと生かしているでしょう。他人だったら、この子にそれをすることさえ困難なのですから。

誰かの記事を読んでも、アドバイスを聴いても結局その通りにならないことが多いのは、**「その人」の世界の話でしか、ないから。**

（あ、もちろん育児や児童心理の専門家の本は、統計的で勉強になります。私もよく読ませてもらっています）

「子育てを経験した」というだけで、まるでプロフェッショナルかのように絡《から》んでくるおばちゃんも多いけど（笑）、そういうのも必要で。

その人の世界ではそうなのかと、自分と分けて冷静に聴くと、ためになることも結構あります。

だから、**何かを言われても傷つかなくていい**はずなのです。

まずは、誰とも世界が違う。

今日から、自分なりの子育てが、「世界一の子育て法」に変わります。

誰かの世界の0.1パーセントを覗《のぞ》いてため息をつくことをやめよう。

一番の幸せが、もう私の世界にはある。

13 今、本当に親が出ていくべきなのか

なかなか親が「こうしてほしい」と思うように行動できないのが子どもです。

長男が幼稚園の慣らし保育で、おもちゃを独り占めしてしまいお友達に全然貸せなかった時のこと。つい私は「貸してほしいんだって、順番こね、はいどうぞ、しようね～」と言って、子どもからおもちゃを取り上げてしまいました。すると、当然ながら子どもは泣きわめき、それをごまかすように私は、他のおもちゃを与え、抱っこしたり気を紛らわすようにしました。

でも、幼稚園の先生が言いました。「子ども同士、ものの貸し借りができるようになるのは、まず**独り占めをたくさんしてから**なんですよ」

先生は、子ども同士のやり取りで親が出ていかなくていいんだと言います。その子が欲張りだとか、意地悪なのではなくて、自分の世界にいるだけなのだと。他人の世界とか気持ちを考えられるようになるのは、ちゃんと自分の世界がどこまでなのかを見つけてからなのだそうです。

私は、幼稚園で他の保護者も見ているし、その場で気まずい思いをしたくない、意地悪な子だと思われちゃうんじゃないかって、つい子ども同士のやり取りをコントロールしてしまいましたが、**そんなに目くじら立てて観察していなくていいんだなあ**とわかりました。

そうやってわかってくれて、さらに親全体に知識として周知させてくれる先生のところですから、安心して息子を送り出せましたし、他の親たちとも多少のことは知らんぷりしようねと言い合いながら、楽しく過ごすことができました。

親と子どもの距離はあまりにも近すぎるし、自分の子どもしか見る機会がないし、親同士も「ママ友」としてつながらないといけないような気がするから、たった一つの問題も起きないようにしてしまうけれど、もっと私、おおらかでいいんだよなあ。

14 子どもを育てる社会の一員になっていく

あるカフェで。若いお母さん三人がランチをしていました。それぞれの傍らには子どもが一人ずつ。二人の子どもはベビーカーでぐっすり眠っていて、一人の子どもが、眠いのかぐずっていました。ぐずっている子のお母さんは、真冬なのにTシャツで、汗だく。抱っこ紐をしてホカホカの眠い眠い男の子を鎮《しず》めようとして動き回っているから。

そのお母さん、男の子がちょっとでもぐずると、私の方を見て申し訳なさそうに会釈《えしゃく》をしたり、立ち上がって外に行ったりしていました。後の二人のお母さんたちは、彼女にまったく見向きもせず楽しそうにおしゃべりをしています。

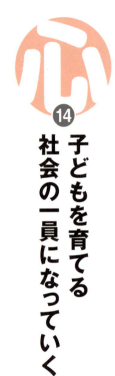

私なんかができることってないけれど、ふっとまた目が合った時に、少し辛いのかなって思えたから、ニコってしてみました。すると、「うるさくてすみません」と、本当に申し訳ないという顔で私に謝ってきたのです。「二人みたいにいい子に寝てくれなくて」

「大丈夫。うちの子たちはもっとうるさいから気にしないでください。**眠いけど頑張ってるんですね、**賢い、いい子に育ってますね」

そうしたら、お母さん、少し泣いちゃって。

自分ばっかり、落ち着いてランチができなくてイヤになっちゃったんだって。

二人のママが羨ましくて、早く寝てほしいとしか、考えられなくなっちゃったって。

すごく、気持ちがわかったな。

私も、子連れでランチって、なかなかできなかった。

子どもがつかまり立ちをしたり、走るようになってからは、あらゆるお店に行けなくなった。周りの人に謝ってばかりだったし、自分の楽しみなんて果たせないし、いつも汗だくで、帰るとぐったり。思うとおりにしてくれない子どもに怒ってしまったこともあったし、一緒に行った友達の子どもがとてつもなく「いい子」にみえて、羨ましくて泣けたことが何度もあった。

今はもっと活発になったから、さらに子連れランチなんてできないけれど、それでもいいから子どもと一緒にいたい、自宅でふりかけごはんでいいから子どもと一緒に食べたいって、思うようになっている。

多分、子どもたちが成長してきて、**あとどれぐらい一緒にいられるのかを考えて少し焦っている**のだと思う。

子連れでランチとかお茶をするなよって、インターネットでママたちが叩かれることがよくある。電車で赤ちゃんの泣き声がうるさいとか、ベビーカー問題とか、いろんなことを言われる。だから、ママはみんな怯《おび》えている、自分や自分の子を責めるようになる。

他人ごとではなくて、私たちは苦しい。

だから、私はママの味方をしたい。気持ちがわかる私がママに優しくできなくてどうするんだ。社会の一員として、子どもがのびのびできる環境を作ることをしなくちゃ。カフェでも、電車でも、頑張っているお母さんが少しでも気持ちを緩められるように、**「そのままで、十分なんだよ」**の気持ちを込めて、ニッコリしてあげたいって思う。子どもが元気に泣くこと、走り回ることを、いつまでも喜べる自分でありたいなあ。

それからは、子どもだましのちょっとしたおもちゃが、いつも私のカバンにはついているのです。

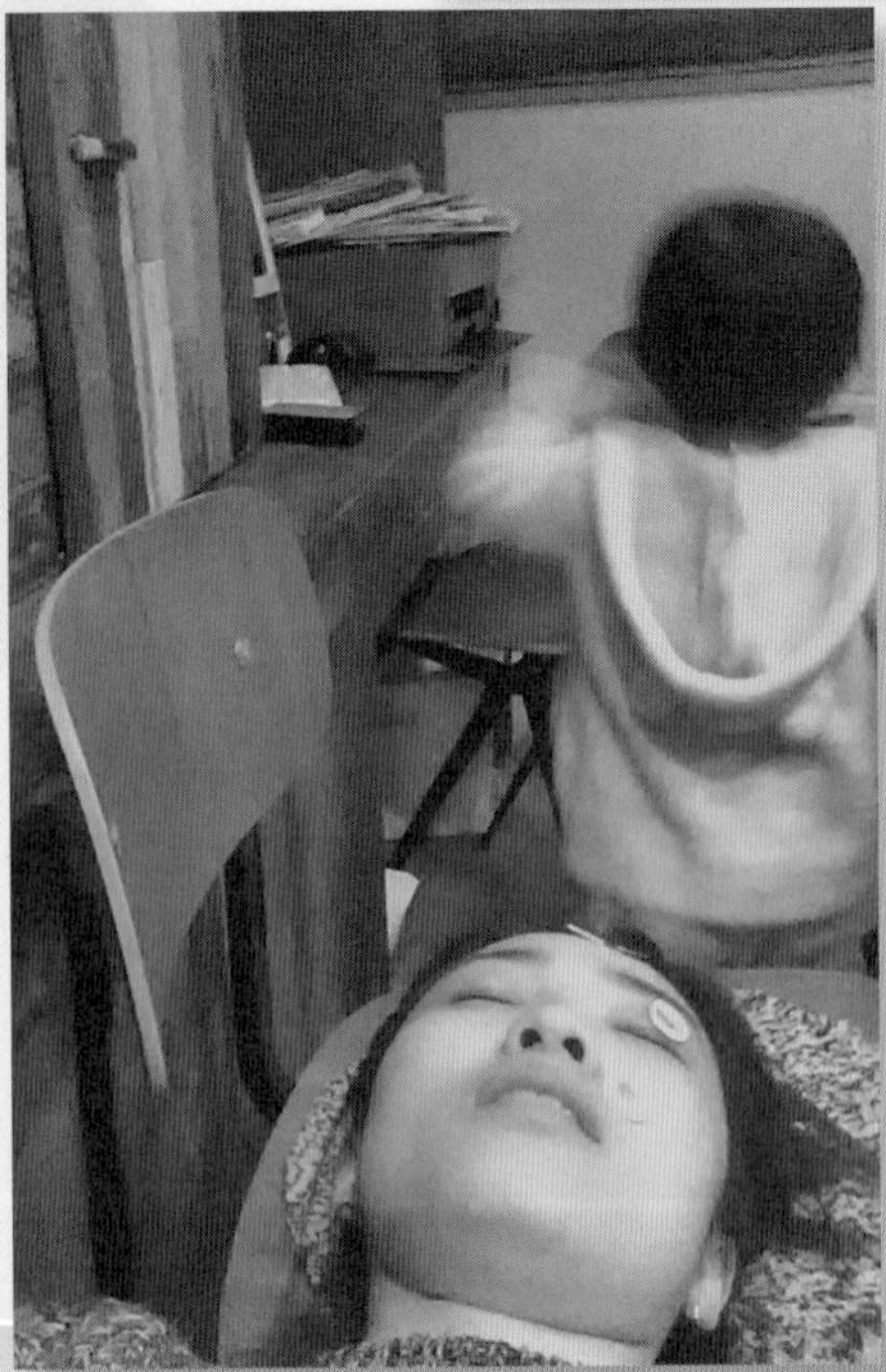
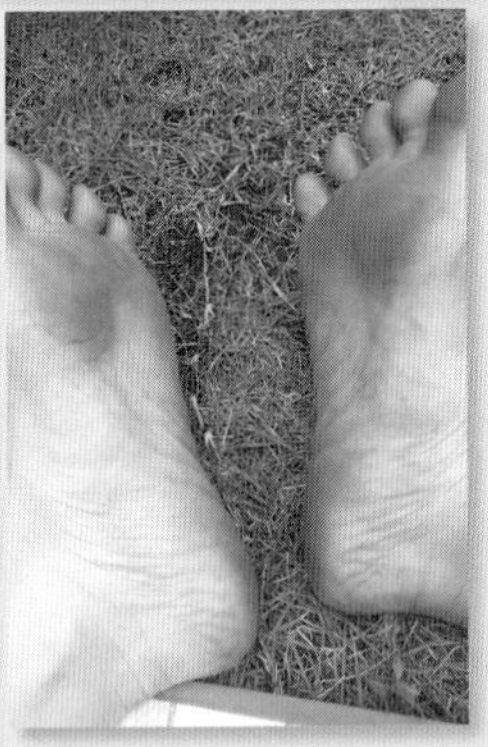

ダンボール

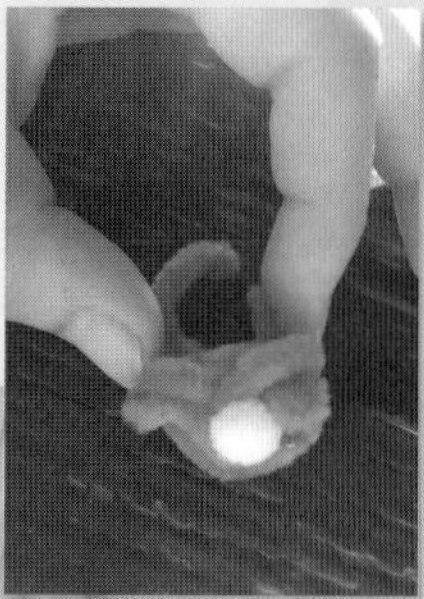

15 イヤイヤ期という名前にだまされるな

次男がイヤイヤ期に入ったと思われた時期のこと。私は次男がいやだいやだと言うたびに、次男に「嫌なんだよね、次郎（次男）、今イヤイヤ期だもんね」と言っていました。すると次男は「うん」とこっくりうなずいて泣くのをやめましたし、その場のみんなが笑うという流れになっていました。嫌なんだという気持ちを認めてもらうと次男は嬉しそうにしていたので、「自分は今イヤイヤ期なの、もうちょっとしたらイヤイヤ期が終わるからね」と言っているのだと良いようにとらえていました。

ある時いつも通り次男が「やや！　やや！」とその場から動かなくなった時のこ

と。私がいつも通り「今イヤイヤ期だもんね」って次男に言うと、長男は、

「ママ、イヤなんじゃなくて、イイなんじゃない？」

と。どういうことか聞いてみると「これがいい〜これが見たい〜さわりたい〜だから行きたくない〜って言ってるから」

あ〜〜〜〜〜〜!!　そうだね！　本当にそうだよね!!　全然イヤイヤ期じゃないじゃん！　何をするのも嫌がるんじゃなくて、何をするにもこだわりが出てきているだけなんだね!!　って、長男の大発見をたたえました。

子どもの行動に勝手に名前を付けていたけれど、子どもの気持ちやどうしてそうなるのかって、考えてあげる余裕がなかった。

その日から我が家では「イヤイヤ期」は「いい、いいなんだね」と、とらえられるようになりました。これがいいあれがいい、だから他の全部が嫌！　自分の中のルール以外は嫌！

扱いにくいのは当たり前なんだ！

それを知っているだけで少し優しくなれた自分がいました。例えば、左右で違う靴下を履いていてもいいや、洋服も自分なりに満足していればいいやと。

しかも次男、三歳の誕生日を迎えた日から

「もうイヤイヤ期じゃないの。ハピバーシュデしたから」

と宣言。頑張ってイヤイヤ期を自ら卒業しようとしています。

三歳でも、こんなに考える力があるんだと思うと、なんで「イヤ」って言ってしまうのか、それは成長しているからなんだよって、本人にもわからせてあげることがいいのかもしれないなと思いました。長男のイヤイヤ期は長くてしぶとかったので、疲れ切っていたその時の自分に教えてあげたかったなあ。

いや、ただ「じゃあどれがいいの!!!!」っていうぐらい、ダダをこねて泣き叫ぶ時には、そんなきれいごとは通用しなくて結局ぐったりしているのですが。笑。

16 小さな嘘が許せなかった

私の母は言いました。

「もう嘘つけるようになったん？　すごいねえ～」

「は？」って思いましたが、母は続けます。

「赤ちゃんだったら嘘なんかつけないでしょう。

成長してるんさ！」

この人にはかなわない。

私は子どものたった一つの小さな嘘も、気持ちが悪くて嫌だった、このままどんどん嘘をつくことに慣れてしまいそうで。でも、そうならないのだそうです。

いつか大きな嘘をついて帰ってくるから、その時に本気で向き合って叱ってやればいいんだそう。

そういえば私も、点数の悪いテストを見せたくなくて悩んでいたり、済ませていないのに宿題やったと言ったりしたけれど、細かい事で怒られたことはなかったなあ。そのかわり、人に迷惑をかけたり、誰かを傷つけるようなことにつながる嘘に対してはとことん叱られ、しぼられました。

私が気づいた初めての子どもの嘘は、トイレの後に手を洗ったと平然と言ったこと。こうして文字にするとどうでもいいことに見えるのだけど、子育て中は視野が狭くなっているし、うちの子が嘘なんてつくはずがないってショックを受けたりするもんだから、結構本気で怒鳴っちゃったりするものなのです。

嘘も成長の証、一つ一つに目くじらを立てずに、ポイントで向き合おう。

それから、**嘘をつかなくちゃいけないほどに子どもを追い詰めていないか**を、少し自問してみようと思います。

私がよく言う「本当のことを言ってくれたら怒らないから」が、「出た！　**トラップ！**」って思わせる行動を、もしかしたらしちゃっていたのかもしれないから。

17 子どもの方が、よく考えている

午後の保育園の先生が息子にばかり怒っているらしいと、ママ友を通して私の耳に入ってきました。

息子が悪くなくても「どうせお前だろう」というニュアンスで、みんなの前で怒鳴られていると。

私は、本人から聞いたことがなかったので事実を確かめようとして子どもに問うたことがあります。

息子は言いました。

「怒ってくれるから、大事な先生だ」

「怒ってくれる人は、たろう（自分）のこと好きなんでしょ」

「たまに一緒に怒られてくれる子がいるから、俺は園に行けるよ」

自分の普段の行動が悪いから先生に怒られるんだから、母ちゃんが出ていくのは違うと、長男は言います。自分の悪い癖がちょっとずつ直ってほめられたりもするから、と。

子どもの行動が悪かったとしても、いつも叱られ怒鳴られている息子を想像すると、そんな優等生的な答えはいやだと思いましたが、彼が自分で考えたやり方なのだと言います。

大人だって苦しいはずの「怒られる」を母親の私にも言わず、何とかして解決策を見つけた息子はすごい。

確かに息子は気に障《さわ》ることを言うことがあるだろうし、行動も年齢よりだいぶ幼いけれど、一歩間違えると、私はモンスターになってしまいそう。

ついむきになって、「なんでうちの子だけ」とか、すぐに保育士さんを信用しなくなって他の園に変えようかとか、そういうことを考えてしまう不安定な母ちゃんより、息子の方がよっぽど大人だ。


けれど心配でもある。

感情的に怒鳴られるなんて、他人の大人からされたら怖かっただろう。

親からだけで十分だ（おい！）。


先回りして問題になる前に回避させようとしてしまう母ちゃんよりもまっすぐに向き合って解決しようと頑張っている、考えている。

自分で処理することを、今学んでいるんだね。


母ちゃんには何ができるかな。

母ちゃん、今は**君の背中を見ていることにしよう。**

何か言いたくても、手を出したくなっても。

君が逃げたくなった時、その道を許すことを準備して、母ちゃんはいつでもここにいるから行きたいだけ、行ってみ。


私にできることは何が何でも、あなたを守ること。

あなたのために死ねるんだから母ちゃんはこの世で一番強い。

18 「ママ友」に怯えすぎる必要はない

私たちが親になった今、いろいろな情報が入ってきます。インターネットで必ず読んでしまう記事は「ママ友との付き合い方で気を付けなければならないこと」。

どこの誰が書いたのかもわからないのに。

テレビドラマでは幼稚園ママたちのマウンティングや、熾烈《しれつ》なお受験戦争にのみ込まれる親子を描いたストーリーなどが放送されました。

そんな先入観を抱いていた私は、とにかく「ママ友」に怯えていました。ママ友なんかいらない、**ママ友こわいこわいこわい**って、思っていました。

だから子どもが生まれても一度も児童館に行けなかったし、長男が初めて行った保育園でも、三年近く、最後の最後まで誰とも連絡先を交換できなかったのです。

　長男が幼稚園に移り、しばらくは相変わらず誰とも関わらなかったのですが、だんだんと「ママ友付き合い」をあまりしないお母さんと話すようになりました。彼女たちは、噂や悪口がなく、お互いの子どもたちを最優先にする感覚がとても似ている人たちでした。次男が生まれてからはなおさら、近所に住んでいる彼女たちの存在は私の助けになりました。

　幼稚園卒園を間近にして、私にも信頼できる「ママ友」が数人できました。親同士の考えを知っていると、子どもたちがどんなにケンカをしようが、相手の子に何をされようが、関係が崩れないようです。お互いの子どもを愛していて、ほめたり叱ったりしながら、**一緒に成長を見守りたい**と、心から思う自分がいます。

あんなに「ママ友怖い」って怯えていた頃の私に、教えてあげたいです。「ママ友」って侮れません。「知り合うきっかけが子ども」だっただけで、環境が似ているとか、考え方が似ているとか、一緒にいて楽だとか、いろいろな要素がありますが「もはや私の友達」なのです。家族ぐるみで付き合うようになったりもできます。多分、**子どもがいなくてもどこかで出会う人たちなのだろうな**と思います。

必要以上に連絡を取り合って情報を集めたり、「子どもの友達のお母さん」レベルの人と無理にお茶をしなきゃってことはありませんが、自分のペースに合う人がふっと現れる時もあるので、レアケースを誇張したような情報に踊らされずに、怯えすぎずに、生活をしていこうと思います。

今までのペースでいきますと、長男が小学校の三年生になるまでに、一人か二人、自分に合うお母さんと友達になれたらいいなあと、期待をしているのです。

⑲ 散らかるよね、大変だよね

公園で息子たちと友達が遊んでいたら、その子のママが、

「家にくる？」

って言ってくれました。

「えっ？　いいの？」って、私は喜びました。

私は人の家に行って子どもたちが物を壊したり、ケンカをしたらどうしようって考えるから、あまり人の家に行ったことがありませんでした。

うちは何を壊しても気にしないから、相手に自分の家に来てもらうことが多いのです。で、大体家で遊ぶ時は我が家で、が定番でした。

でもこの日は、その子のお家にお邪魔することになりました。

入ってみると、おもちゃがたくさんあって、ものが溢れていて、結構散らかっていました。笑。

でも私は、それを見て、涙が出るくらい、嬉しかったのです。

私は、このママが、大好きだと思いました。

こうやってさ、散らかるよね、大変だよね、私たち頑張っているよね。

そんな風に、彼女は無言で私の味方をしてくれたような気がして。

子どももたちも私もおもちゃに囲まれて、その日は夜までリラックスさせてもらっ

て幸せでした。いろんな家庭があることを知ったし、私だけのやり方では今ごろ息がつまっていただろうな。この日、このママと子どもに何かがあったら絶対に力になりたいと思いました。私にとって、一緒に育っていくための強い味方に出会えた宝物のような出来事でした。

だから私は、彼女の優しさを見習いたいって思いました。
実は片付けたのに「散らかってるけど」って言うのをやめました。
「これでもきれいな方よ」「頑張って片付けたけどこれが精いっぱいよ」って言って、

誰かが楽になってくれるかもしれないから。

そっちの方が、自分も、相手も、緩むなあって気付きました。

今、レゴや仮面ライダーが溢れているリビングへ、この本を読んでくれているお母さんを招待したいな。散らかっているのが苦手な人は、時間をくださいね、片付けますからね♡

心 20 問題や心配がたくさんある

お友達とケンカをしたり、先生に対して「先生河童《かっぱ》みたい！」「先生はおサルさん！」と言ってしまったり、隣の家の外階段の中腹でぐっすり寝ていたり。

忘れ物は毎日。

小学校で
いじめてしまったら。
いじめられてしまったら。
先生に嫌われるんじゃないか。
事故に遭うんじゃないか。

ただ、考えても仕方ない。
今できることをできるだけして、
教えられることを精いっぱい教えて、
ちゃんと子どもに向き合って

私が生きるしかない。

だってなるようにしか、ならない。
小さな問題をたくさんたくさん積んで、大きな問題をたまに起こして、
その都度、根気よく話して聞かせて、
必要ならば親が出て行って謝って、
本当に必要なら親子で逃げること
だってあっていい。

問題があることは、問題ではない。

問題がない子がいたら、そっちの方がよっぽど問題だ。

だから、今を大切に、一緒に生きる。

それだけ。

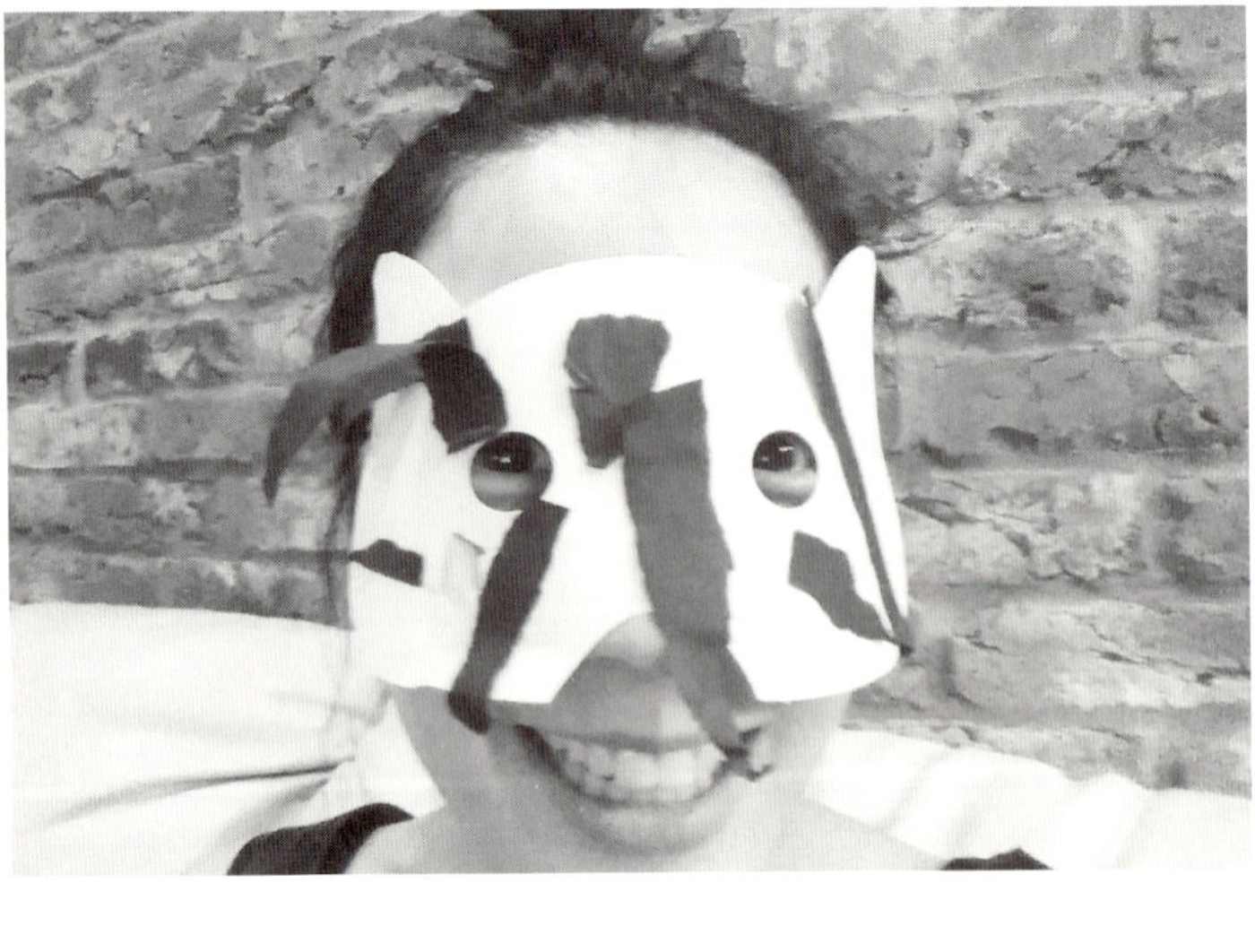

心21 いじめも事故も病気も、起こるものだから

最近実家の母親に、私が子どもの頃の話を聴く機会がありました。私には兄が二人いますが、末っ子の私は上二人とは違い、順調ではありませんでした。いたずらをしたり、男の子を泣かせたり、友達とのトラブルもありました。

小学校でも中学校でも登校を拒否した時期があり、**高校では突然金髪にしてみたり。**それでも母は、口うるさくなかった。どうやって対処していたのかが気になって「そういう時、どうしていたの？　心配じゃなかった？」と、尋ねてみたのです。母はこう言いました。

「お父さんが、とにかく冷静に判断しろと言っていたね。子どもは悪気なく、自分

が良いように言うもんだからって。ちゃんと双方の子どもを見て、悪い事をしたら相手の家に謝りに行くし、されたらその都度包んであげれば大丈夫。トラブルは起こるものだからね。いじめも事故も病気も、起こる時は起こるんだよ。反抗期だっ

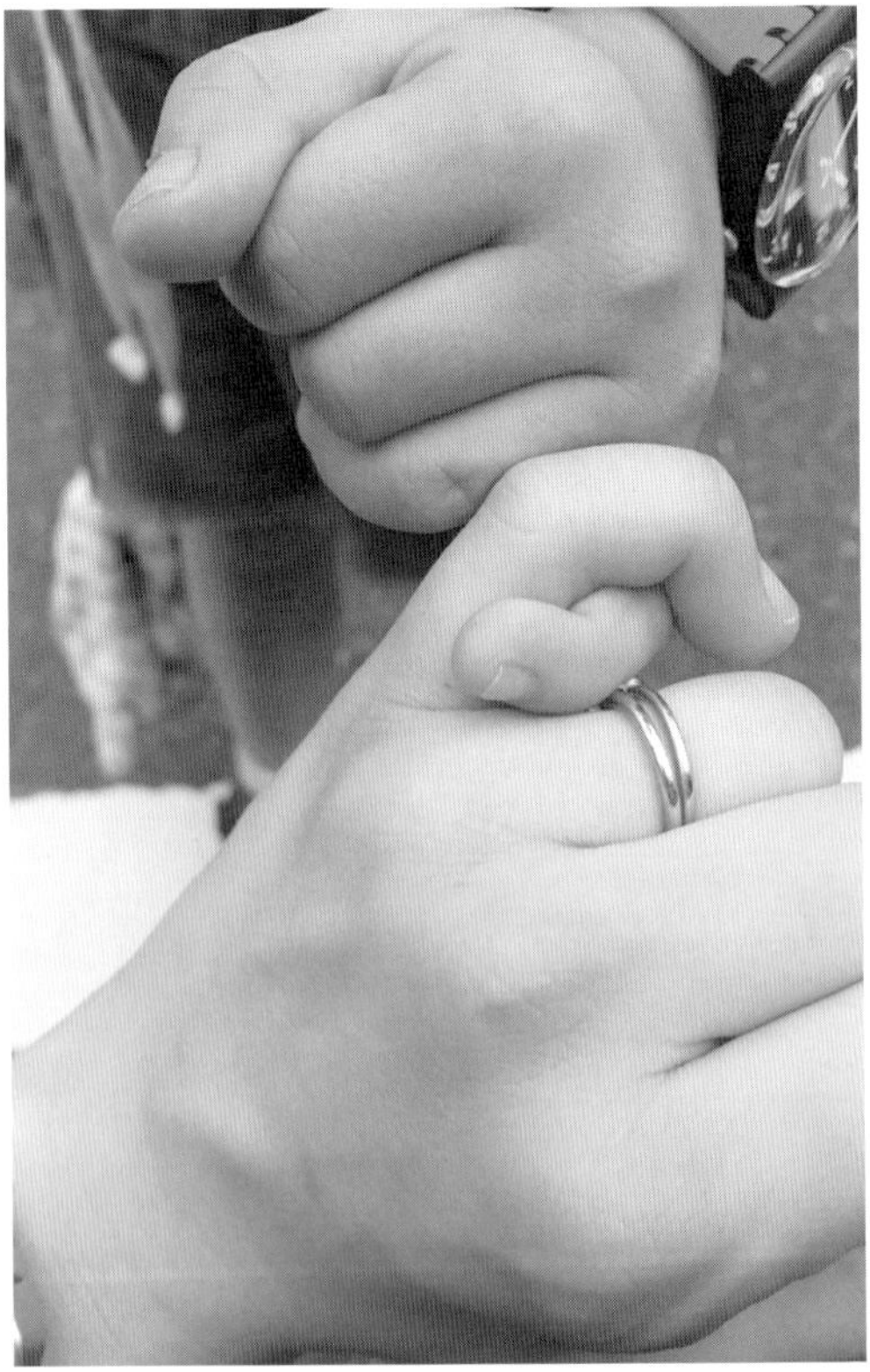

て、誰のせいでもないし。ただ、子どもたちには何があっても大丈夫だよ、ママは味方だよって、伝えてあげてね」

すごいなと思いました。確かに私は、悪い事をしたときは暗い部屋に閉じ込められたこともあれば、父親に引きずられて謝りに行ったこともありました。でも私の記憶には、相手に対するごめんなさいの気持ちと、**私には親がいてくれる**という不謹慎な安心感が残っています。

それは金髪の高校時代も、留年しかけた大学時代、結婚した今でも続いています。

親の偉大さは、親になって痛感するもので。

子どもに何かトラブルがあったときに、動揺をせず子どもを包んであげられるように、いろんな事の覚悟と準備をしておきたいと思いました。だのに、長男の小学校通学３日めにして小さなトラブルがあり、**すでに胃痛が始まった**母ちゃんなのです。

22 辛いと思った時には

辛い辛いと、子育てに悩んでは思っています。
辛い辛いと、仕事との両立が苦しくて言ってしまいます。
辛い辛いと、**なんで自分ばかり**って、泣いています。

本当に辛いか。
子どもがいなくなっちゃったら悩みが解決するか。
子どもを戦争にとられるより辛いか。
食べるものがなくて、餓死の恐怖と闘っているか。
感染症の蔓延《まんえん》に怯えているか。

盗みを子どもにさせるほどか。
子どもを残して自分の死を意識しなくてはいけないことよりも辛いか。
涙も出ない、話すこともできないほどか。

日本は、満たされています。清潔で、安全で、食べるものも着るものも選べます。しかし、先人の努力が私たちをこの環境に置いてくれているのに、当たり前のように感じて満足できない。もっともっとと、足りないものを探す。

今の私は、子どもを産むことができて、子どもに食べ物を与えられて、仕事もあって、健康なのに、**それ以上に幸せなことなど、ないはずなのに、**よく辛いと言っています。その環境が許される日本に生まれて、生きているということに感謝をしなくてはいけないのにね。

仕事で出会う患者さんは、いつも教えてくれます。私の悩みなんて、「命に関わる辛さ」「世界で起きている辛さ」とは比べられもしないってこと。そしてそれだけではなくて、本当の苦しみを知っている彼らは、底が抜けたように優しさが深いのです。

「死ぬ」ことは「頑張った辛さから解放されること」だと私は信じているけれど、本人と周りにとっては間違いなく何よりも不安で、恐怖を感じるし、辛い。

自分の今の悩みがどんなに大きい気がしても、命に関わるものでないならば、一番の辛さではない。

辛いなって思ったら、**一本横線足して「幸せ」に**しちゃおう。

「命」以外で悩めるなら、よっぽど幸せなのだろうと、ね。

23

幸せやから笑うんやない、笑うから幸せになるんや

突然の関西弁です。書き手の乱心ではありません。実は、この言葉は、私の読者の方からいただいた言葉です。彼女は妹さんの紹介で私の本を読んでくださり、関西からわざわざお手紙とプレゼントをくださった方です。ちょうど、長男の小学校入学式を間近に控えた3月の終わり頃のことでした。ある時届いた彼女からのこの言葉を、私は自分の中にとっておきたいなあと思い紹介することにしました。

なんだか満たされなくて、**他の家がバラのように良く見えて、**笑えないことがあります。「暑い」「寒い」なども、自分の思い通りにならないと、お天気さえ敵のように感じて。

今の私はもしかしたら、そんな状態にいたのかもしれない。「こんなところにカバンを置くな」「何時までに終わらせたいのに」「普通はこうするでしょ、考えてよ」といったように、不満をぶつけていました。

「忙しい」「時間がない」「あれもやらなきゃ」「これもやりたい」、どんどん余裕がなくなって、視野がピンホールみたいに小さくなって、**自分が何に怒っているのかさえわからない**ぐらい全てにイライラしてしまうようになってしまいます。

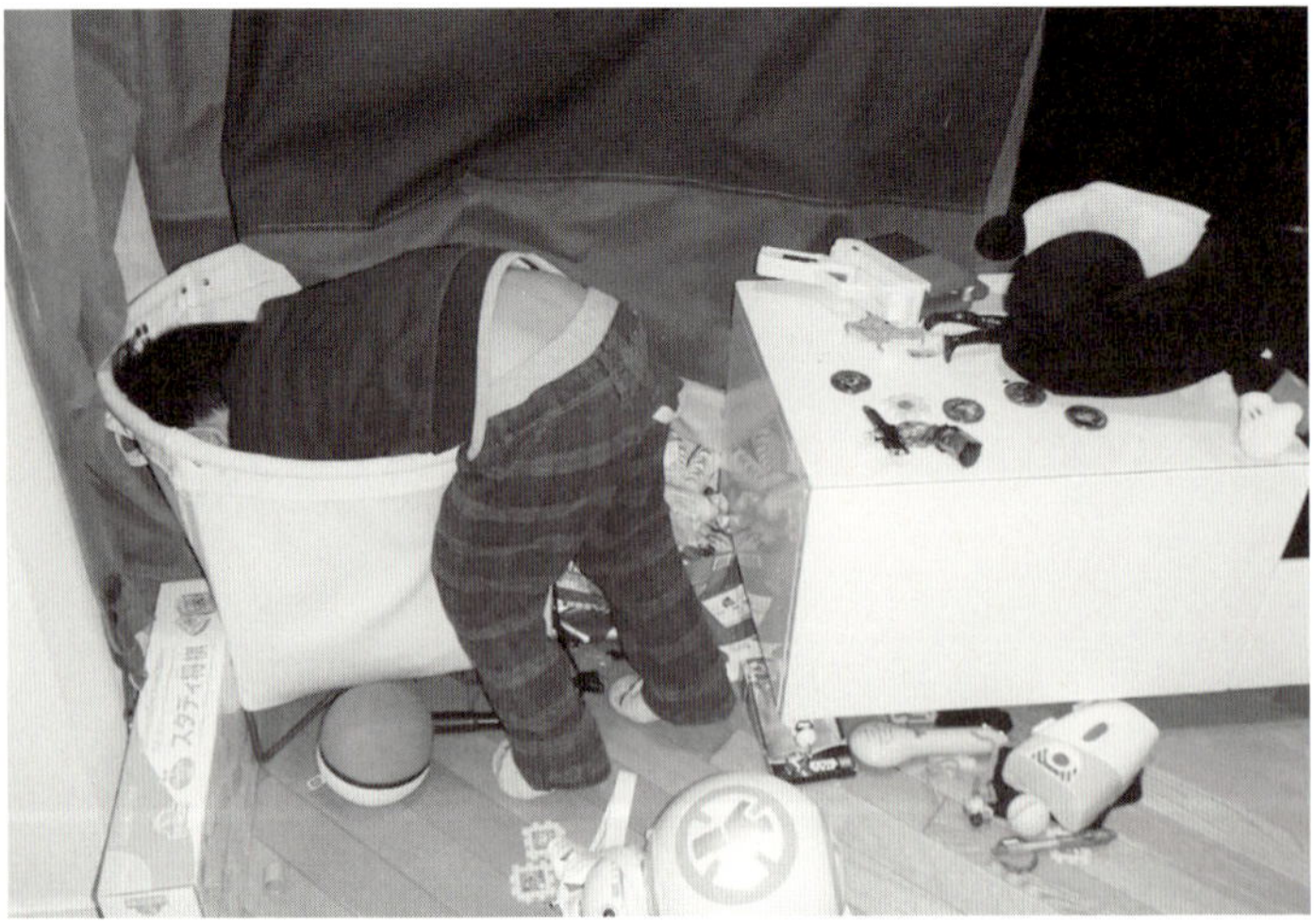

私、この言葉に出会えなかったら、自分のことも、自分の家族も、踏みつぶしてしまうところだったな。「私を笑顔にしておいて」「ママを怒らせないで」って、どの口が言っとるんじゃ。

「私が笑うから、一緒にいようよ」

って言えた頃の自分は、少なくとももう少し周りを安心させてあげられていたんじゃあないかな。

どれだけ満たされていても「笑えない」し、なーんにもなくても、ちゃんと「笑える」。自分にとって一番大切な人を、ちゃんとそばにいてもらえるように大切にしないといけないんだよなあ。

今朝、小さなことで母ちゃんに当たり散らされた長男と、こんな私にまだまだ優しい夫には、心から「ごめんね」の反省と感謝と敬意をもって、今晩は接したいと思うのです。頑張ってコロッケでも作ろうかな。

24 子どもは良いところを見つける天才なのに

幼稚園の親子会で一人ずつ自己紹介をするときに、先生が「お名前とお子さんの良いところを言ってください」とおっしゃいました。

私は「やんちゃでご迷惑をおかけすることがあると思いますが」と言うことしかできませんでした。**良いところ、いっぱいあるのに。**良いところを見つける努力を普段からしていないからだと思いました。いつも「もう少し落ち着いて」「調子に乗るな」「はしゃぐな」「やめろ」……あーせいこーせいと、直してほしいところばかりを見つけては注意しているから。

私は自分に自信がなく、子どもがどんな風に育っているのか、自分のやり方が合っているのか、全然わかりません。だから、誰が見ても嫌な気持ちがしないような行動をとってほしくて、発言をしてほしくて、いつもギロッとにらんで見張っているように思います。子どもたちが少しでも自分の思う答えを返さなければ、

重箱の隅をこそぎ取るように個性を矯正して。

近所に、「○○君、ちょっとやんちゃだから」と言われて敬遠されがちな子がいました。息子も大概そちら側なので、そのお母さんの気持ちが痛いほどわかったし、さらに言えば少し同情していたように思います。「わかるなあ、嫌だろうなあ」って。

その子の話題になったとき、私は息子に「○○君、少し心配だね、大丈夫かなあ」と声をかけました。

すると息子は「何が心配なの？　○○君ってね、強くて男らしいんだよ！　たまにパンチしてくるけど、俺は気にしないからさ！　あとね、**実験の天才だよ、**だってね……」という風に、その子の良いところばかりを溢れるように話し始める

のです。

膝を打ちました。

これは子どもがピュアだからとかそんな話ではなく、人として尊敬し、見習うべきだと。私はいつでも、彼らの悪い（わけではないのに、大人と違うところ）ばかりをほじくるように探しているなあと。私みたいなもんがいるから、○○君もうちの子も（笑）、少し敬遠されてしまったり、親がペコペコあやまらなくてはいけないし、子ども

にさらに小言を言うという悪い循環が起きているのだろうな。

元気な子は繊細だったり、大人しい子は芯が強かったり、親が悩むことにはその裏がある。ないものねだりはやめて、あるものを認めて、のばして、親子でワクワクしながら成長していけるといいなあ。

まずは私が、自分の子にも、お友達にも、良いところを見つけて、毎日言葉のプレゼント、してあげよう。

子どもの方が、よっぽど大人で、心が広い。

さあ、優しくなろう。

子育てで育っているのは、私だね。

教えてくれてありがとうね。

25 がんじがらめはひずみを生む

小学四年生の男の子をもつ読者の方が、教えてくれたことがあります。
そしてこれを、世のお母さんにも教えてあげてほしいと言ってくれました。

小学四年生のR君は、受験で都内の有名小学校に入学し、一年生の頃から英語、水泳、公文《くもん》、体操、科学、ピアノを習っていたと言います。優秀で、周りからは神童と呼ばれ、できないことが何もなく、自慢の子どもだったそうです。ところが、小学三年生になってから、保健室登校が増え、ある日**「全部嫌だ」**と言って部屋から出てこなくなってしまったとのことです。

彼は、小学校三年生でもう六年生程度の学力があって、英語も運動も、すべてが学校で受ける指導のレベルをはるかに超えてしまっていたため、学校に行く意味を見つけられなくなってしまったと言うのです。

子どものためを思って、学校で困らないように習い事をさせ、将来を親の思うようにしたくて、経済面でも時間面でもがんじがらめになって、親も子もほとんど溺れているような状態だったのだと、お母さんは教えてくれました。でも今は、壊れた関係を少しずつ修復するために、子どもを外で走り回らせたり、自然の中に身を置かせて、彼が元気でいてくれることが一番幸せなことだと実感しているそうです。

お母さんはとても一生懸命やってきました。誰が悪いわけではありませんが、私たち親の熱心な先取り教育を見れば、子どもが学校に行く必要がないと感じてしまうというのは、確かにあり得ることなのです。

ご自身とお子さんが一番辛い時にもかかわらず、私や読者の皆さんに、「大丈夫？

心配しているよ」と声をかけてくださったこのお母さんの気持ちを、誠実に伝えたいと思いこの章を書きました。本当に感謝しています、ありがとうございます。

我が子のことになると周りなんて全然見えなくて、彼らのためだ、絶対に幸せな道を！　って思うけれど、もっと冷静に、もっと先の未来からみたら、私たち、少しずれているのかもしれない。頑張るほどに苦しいと感じていたのにね。

ぜーんぶなくなったとしても、**彼らの心と体が笑ってくれるなら、ビクともしない**よなぁ。

私にとって学校が学びの場で、先生から教わることに喜びを感じられたように、私も彼らにそれを伝えようと思います。悩んでいた塾のパンフレットを、一枚捨てることができました（笑）。もちろん習い事や塾が悪いのではないので、こちらも誤解なきように書いておきますが、必要な時期に応じて無理しない程度には、行かせようと思いますけれど。

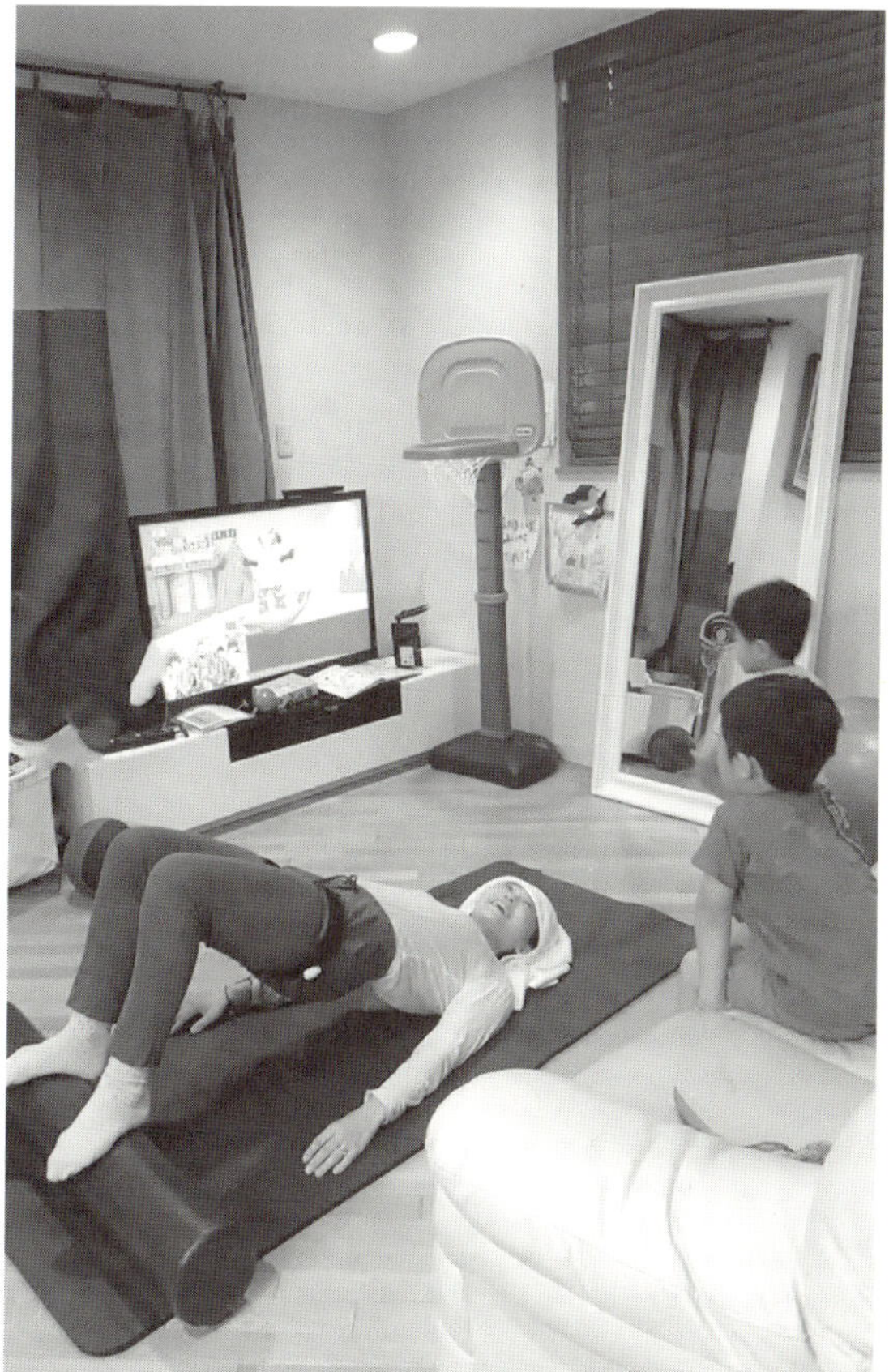

何事もほどほどに**適度な適当母ちゃんでも、いいんだ**ってことですかね。

26 人生は誰のため？

「嫁いだ」ことで出会えた夫や義理の家族のおかげで、それまでの**自分にはなかった考え方や感覚が生まれた**ように感じます。

先日、ある雑誌の取材を受けた時のこと、「家族からもらった言葉で、困難を乗り越えるきっかけになったものを教えてください」と訊かれました。

夫からもらった言葉として私が選んだのは、「人生は自分のためのものだ」です。夫がこの言葉をかけてくれたのは、ちょうど私が大学病院を退職しようかと悩んでいた時で、「子ども以外はいらない！　もう全てを捨ててもいい」と言い始めたタイミングでした。私は子育てと仕事の両立に限界を感じていたし、仕事も、書くことも、私のわがままだ、子どもにとって良くない。私は悪い母だ！　と思い込んでいた時期がありました。

その時、夫が「人生は自分のためのものだ」と言ってくれました。さらに彼は

「子どもの人生はお前のものじゃない。でも、お前の人生も、子どものものじゃないよ」

とも言いました。

最初は少し突き放されたような気がしたのですが、そうではなく、親にも子にも、それぞれの人生があるのだということなのだそうです。もちろん親は子どもに影響を与えることができるし、やろうと思えばレールを敷いて思い通りにさせることもできるかもしれない。でも、ずっと一緒にいられるわけではない。だからこそ、お前も目の前が辛いからって、今まで積み上げてきたものをヤケになって投げない方がいい、よく考えろ、と。

確かに、私は少しヤケになっていました。そうか、いずれ子どもたちと離れなくてはならない日が来るし、その時のためにも自分の大切なものを捨てなくていいのだと思えました。

しかし、やはり**「今の子どもたち」を穴のあくほど見たいのだ**という私の気持ちを打ち明けると、「何も、仕事を続けなければいけないわけではなくて」、つまり、私の人生は私のものなのだから、自分がしたいように決めればいい。仕事をセーブして子どもに費やすのも、今のまま両方頑張るのも、いったん仕事を休むのも、全部選択肢としてありなんじゃないの？　ということだったようです。いい考え方だと思いました。

夫だけでなく義父母もそのような考え方をする人たちで、私を「嫁」として縛るのではなく「個人」としてどこまでも応援してくれるし、私の道に寄り添ってくれています。そして義父母にも、彼らが歩んでいる道があります。お互いを尊重し合って。

あの時の私の決断は「大学病院の退職」でしたが、例えばそこで「まだ大学で勉強したい！」という決断をしたとしても、この人たちはきっと私を応援して支えてくれていただろうと確信しています。

「自分の人生は自分のもの」だから、いかなる決断をしたって、どう過ごしたって、それが自分と家族に誠実だったら、認める、応援する、支える。他人にも家族にも、常にそうして均一に優しい考え方をする彼らを、心から尊敬しています。

私も誰かが自分の常識と違う行動をとっていても、子どもたちが私の希望する道ではない方へ行ったとしても、それは**その人の自由だもんね**って考えられるようになりたい。

私が実の両親の想いをことごとくはねのけて我が道を来たように、今からでも子どもの決定を尊重していけるように努めたいと思っています。

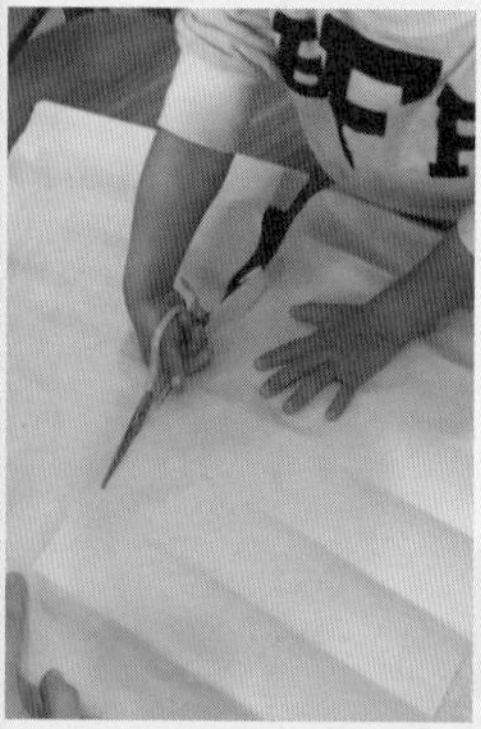

27

彼らの人生は、今じゃない

彼らの人生は、親と一緒にいる今じゃない。

私たちはわきまえなくてはいけません。

いつか道を決めたり、大切な人から選んでもらえるように、親が引かなくてはならない時機がきます。

今はいわば親から離れてからの**長い人生を自力で歩くための土台作り。**


人と生活できるように。

人から必要とされるように。

人に尽くせるように。
人から愛されるように。
人生を捨てずに生きて行けるように。
人の役に立ちたいと思えるように。

土台、頑張って作ろうね。
母ちゃんはもっと下から、
ずーっとずーっと、支えて
いるから。

いつかその役目が終わってしまっても、きっと、ずーっと、ずーっと。

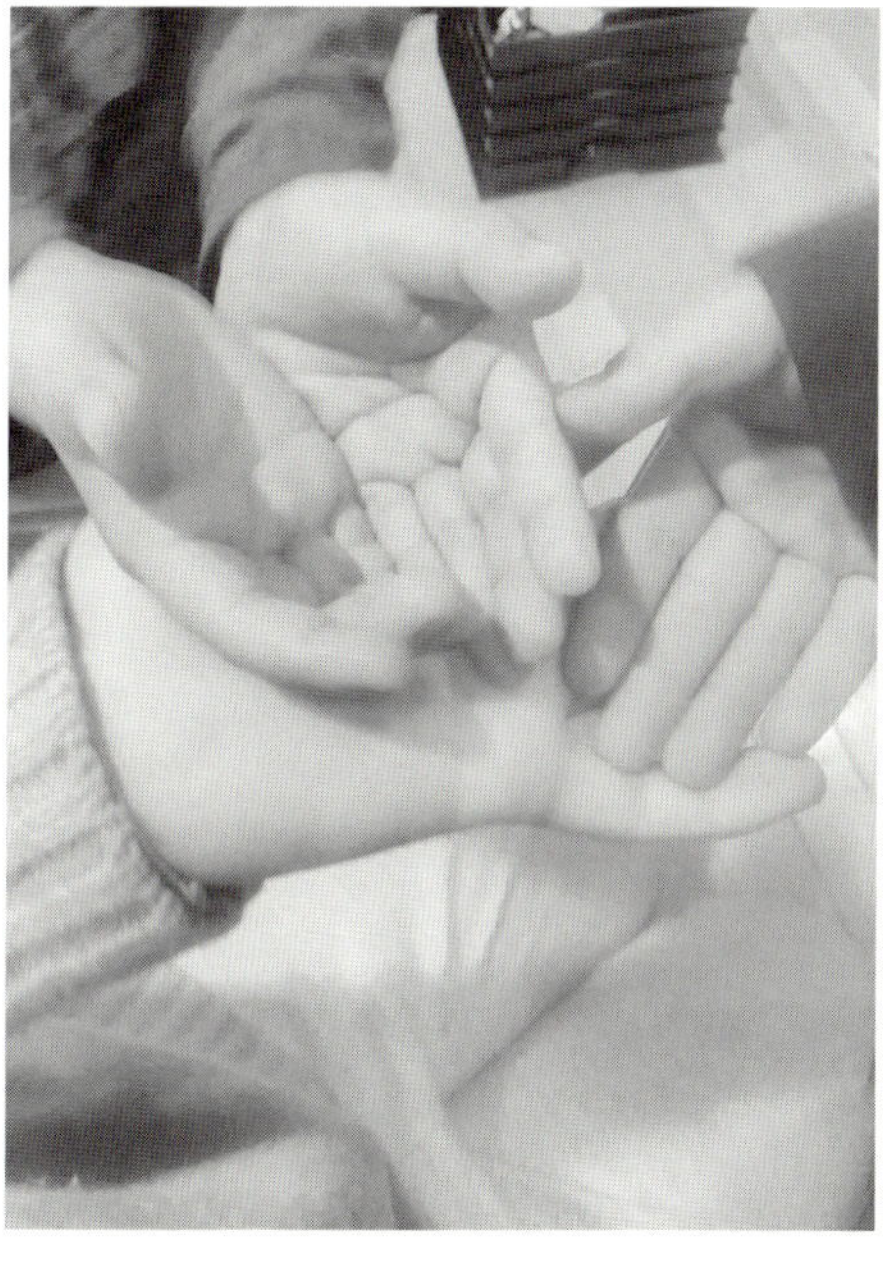

28 大切にするものは

私が寝る前によく子どもたちに言っていること。
「お金を出しても買えないものを大切にしてね」

家族
友達や先生など、周りの人と、そのご縁
健康
時間

買えるものの価値には、いつか終わりが来る。

こんなこと、彼らにはまだわからないでしょう。

でも、何歳になったら理解できますかって言われたら答えられないし、あっという間に私の話なんか聞かなくなると思うから「思いついた時が教える時」だと思っています。

いつかね、

「ああ、こういうことか」

「母ちゃんこんなこと言ってたな」

それがなんとなく残るだけでいい。


私の存在は彼らにとって、いつか愛する人にあっという間に追い抜かれなければなりません。

だから、その人や家族や仲間、そして自分を大切にできる人間になってくればいい。

将来お金があってもなくても、
すぐそばの大切なものに気が付けるように。

母ちゃんはただ、それだけを願っているよ。

こんな思いが『裸の王様』を寝る前に読むことが多かった時期の、母ちゃんからのプレゼントだったのでした。

29 失望こそが希望になる

私が今日死んでしまうかもしれない。

家族に何か起こるかもしれない。

そういう状況は日本では身近ではないかもしれないけれど、不安は尽きません。

いつか何かが、起きるかもしれません。

私はいつも、心のどこかで最悪の事態を想定しています。私にとってのそれは「人が死ぬこと」です。

それは、医師という職業のせいなのかもしれません。

私にも、どうにかいなくなりたいなんて思っていた暗い思春期があったのだけれど、親の顔がちらついてどうにもできませんでした。
まんまと、親の愛が、私のいなくなるのを邪魔したのです。そしてそれが、やがて自分が希望をもって生きる転機の一つになりました。

自分はこの親から生まれた、それだけでいいのです。

何があっても、他人を殺さず、自分を殺さず、親なり、友人なり、大切な人がいなくなるという悲しみさえギリギリでもいいから乗り越えられるなら、私のいる意味は大きいのだと。

実は失敗ってとてもいい。「自分だけ」の価値になる。
実は失望ってとてもいい。「自分だけ」の希望が見つかる。

何でもかんでも、リスクを事前回避した安全な道を親が用意しているのではやはり子どもたちは、10年後20年後にきっと困る。

解決してあげるのではなく、**勇気をもって見過ごし、**彼らに解決させなくてはね。

たくさんの失敗や、小さな失望を、経験する前に摘み取らないように気を付けよう。

そしてもう一つ、いつ誰がどうなるかわからないのなら彼らとの今を、目一杯に満喫しよう。

自分と愛する人の命があることが、やはりたまらなくありがたいことなのだと思います。

30 自分を満たすことが家族の幸せになる

今日は怒らないぞって決めたのに、また怒鳴ってしまった。
子どもは頑張っている。
子どもを愛している。
子どもからも愛されている。
私は幸せなはずなのに。

なんで怒ってしまうのかな。
疲れているからかな。
私が悪い母親だからだろうな。

そうやって自分を責めることばかりだけれど、いつも私が発信する度にお母さんたちから、本当にみんな同じだなと感じるほど、共感の反応があります。ということは、私を含め、そのお母さん自体が悪いのではなくて、「育児中の母親」という環境にいれば、誰でもそうなるのかもしれないなと。

満足のいくまで仕事ができた。
患者さんから手紙をもらって、自分の存在が許された気がした。
一人で湯船に入ってみたいし、ほんとは髪の毛もネイルも綺麗にしたい。
外食して、ごはんの準備も片付けもなくなった。
夫が早く帰ってきて、他愛もない話でよく笑った。

うん、やっぱりそうだ。私、本当に子どもに怒っているのではなくて、「自分に満足していない自分」にイライラして、子どもたちにぶつけているだけで。
私が笑えて優しくなれるのは、結局、「私」が満たされたらなのですよね。

「母親のくせに」「自分のことかよ」ってわがままに聞こえるかもしれないけれど、それは特別に傲慢なことではなくて、人間らしい生活を送りたい、社会に取り残されたくない、**一日一つでもいいから些細な希望を叶えたい**という、「人」として普通の感情です。子どもを産んだ瞬間に、私は「自分」を「母親」に変えなくてはなりませんでした。一生懸命やっては来たつもりだけれど、まだちょっと苦しくて、まだちょっと変えきれていないのかもしれません。

「私」だからじゃない。
「あなた」だからじゃない。
「子育てを頑張っている母親」だから、そして「人」だから、当たり前のこと。
あなたが自分を満たすことが、大きく笑えて、怒らないための、きっと近道。
そしてそれが、一番大切な子どもたちの、一番の幸せ。

第2章

行なってみたいが……

行❶ 変換してみる？

「ごめんね、二人とも」

私がよく、彼らが寝る前に二人を抱きしめながら言う言葉です。小さいことで怒鳴りすぎたり、脅しのような言葉を泣くまで浴びせたりすることがあります。どんどんエスカレートしてしまうので、**これ以上三人でいるのは危険だ**と思うと、お風呂も入れないで寝かせる判断をしたりします。

寝る前に「ごめんね」をすると、絶対に二人とも「いいよ」って言って引っ付いてきてくれるのを知っていてそう言っているので、本当に自分は嫌な奴だと思います。

でもこの日の返事は、少しいつもと違っていました。夜まで大声で騒いで、風呂に入《はい》れも歯磨きしようも何度言っても無視され（というより聞こえないらしい）、一人虚しく片付けた部屋は、今日私が何もしていなかったように散らかされ。それで爆発してしまいました。

私「ごめんね、ママ意地悪だね、怒りすぎちゃったね」
次男「うん」（おい！　内心笑えました）
長男「いいんだよ、**オレたちが嬉しすぎちゃったのが悪かったんだよ**」

長男は、自分と弟と母ちゃんが一緒だから、嬉しすぎてはしゃぎすぎたのだと言いました。大人（私だけか？）って、なんて自分の都合のいい目線でしか物事を見られないのだろうと、恥ずかしくなったことを覚えています。

親を困らせるのは「子どもらしく育っているから」

子どものことで悩むのは「親としてがんばっているから」
子どもがはしゃぐのは「嬉しいから、幸せだから」
泣くのは「感受性が育っているから、優しいから」
散らかすのは「大人が片付けなくちゃいけないんじゃなくて、**散らかっても死なないから**」

子ども目線で勝手に表現を変換したら、少し肩の力が抜けました。全てのことには、大人からするとマイナスのように思えることも、子どもからするとピュアで楽しい理由があって、とても喜ばしいことなのかもしれませんね。
こうやって私は毎日、「育自」をさせてもらっています。

行2 老化を許す練習中

今日は土曜日。午前中、息子たちのサッカーに行ってきました。サッカーが終わってもお昼も外で食べて午後まで遊ぶので、真夏日の炎天下に怯え、さすがに日焼け止めぐらいは塗るかと久しぶりに鏡に映る自分を見ました。

そうしたら、**私の顔じゃないって思いたいほど、老けていました。**今すぐに鏡を取り換えたかった。もともとそばかすまみれですが、左の頬に見たことのないシミができていました。笑ってもいないのに頬と口角の間を小鼻まで続く貫禄のある線（しわと言え）も！！！！

私は珍しく子どもたちに、「今日サッカー行きたくない。顔にシミができるから日焼けしたくない」と言いました（子どもか！）。そりゃあ毎週土曜日夕方まで外にいるもん、シミも増えるよ。肌も衰えるよ！　こっちだって行きたくて行くんじゃないし！　**第一なんでパパがいないのよ！**　みんなパパが来ているのに！！！　と、働いてくれている夫に酷いことも思ってしまいました。

自分の素顔と性格の悪さに、がっくりと首を前に傾けため息をついていると、息子は「ママ、そのすやびがいいんだよ！」と。「すやび」というのは、彼なりの「そばかす」とか「シミ」のことらしいのですが。私にはすやびがあるのが可愛いと言ってくれました。

そうか、すやび、小さいころから真っ黒だった私らしくて、あってもいいかもな。単純な私は、大きいシミさえなんとなく可愛く思えて、気を取り直して三人でサッカーに向かいました。

サッカーが始まると、なぜかいつもはないはずの木陰がほんの少しできていて、ちょうど私の体の部分だけを隠してくれていました。さっきの会話を覚えていた息子は、たびたび私の方を見ては上の方と下の方を指さして「木があるね！　木陰！　よかったね！」というジェスチャーと口パクで私を安心させようとしてくれました。

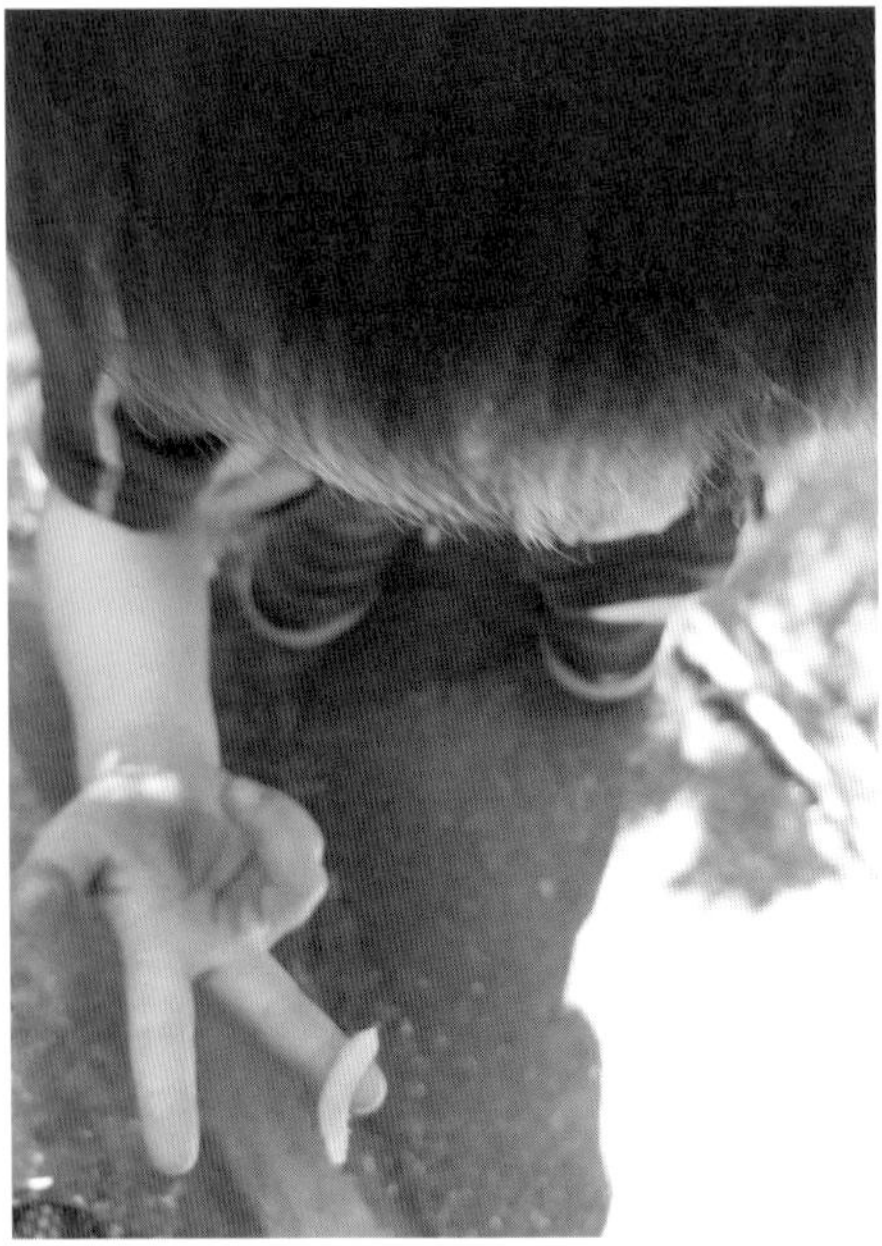

少し空を見上げて、全然まぶしくなくて、「なんか、ありがとうございます」って思いました。このシミ、私だもんな。シミが悪いって誰が決めたんかな。私は息子のおかげで、なんにも怖くないなと自信を持つことができました。大好きな人が喜んでくれるなら、結構可愛いやつだとさえ思える。

そうだ、**今の私は結構いい。**「あきらめる」というネガティブな思考ではなくて、「許す、迎える、愛しいと思う」をしている。老化、劣化は、細胞が生き続けている証。周りと比べるのなんて意味がない。そうやって考えたら、多分どんなに着飾っているより、強くて、優しくて、きっとキレイなのだと思う。

なんだって怖くない。ストイックになるのもいいけれど、ちょっと辛いときあるよね、プロじゃあないもんね。

三十五歳になる今、私は自分を「許す」練習中です。そして、この「許す」という気持ちのいい感覚を、一番大切な家族に贈れるようになりたいなと思うのです。

行 ③
やることだらけのイライラの中で

何から手をつけたらいいかわからないほど、毎日やることが尽きません。

できないとイライラして、頭がいっぱいになって、子どもたちにあたって、**後悔に溺れるだけの無限ループ。**

なんとか抜け出したい。

そんな時は、ひとまず決めてみませんか。

一番大事なものは？


家族？

仕事？

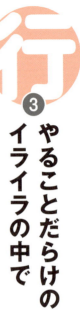

家事？

ママ友付き合い？

本当にやらなくちゃいけないことや、やりたいことならば、あなたはきっと、ちゃんとやる。

私はそんな時は、まずはぜーんぶほっぽって、子どもと本気で遊びます。

一番大切なものを自分が満足するほど大切にできた時、**研ぎ澄まされてタスクが浮き出てくる**ように思います。

すると、どうでもいいことはじゃんじゃか切り捨てたり、優先順位をどーんと低くしたりする（笑）勇気が湧いてくるのです。

子どもと生きること以外、本当にやらなくちゃいけないことなんて、今の自分には見つからないから。

行 4 「母親」にブレーキ

手を出しすぎて、世話を焼きすぎて後悔してばかりです。時間がないから、ついやってしまうその場しのぎ。彼らにやらせると遅い！　私がやってしまえば、今回は間に合うと思って。その時その時は仕方ない、でもそれが、**成長の芽が出る機会を奪ってきたのかもなあ**と。

子どもと一緒にいる時間が、どうしても楽しめないことがあります。可愛くて大好きなのだけれど、今夜のごはんの仕度が待っているとか、翌日の仕事のことで頭がいっぱいになっているとか、そんな時は余裕がなくてつい眉間のしわが深くなっています。子どもたちを喜ばせたくて公園へ連れて行っているはずなのに、子どもに心配されることがありました。「ママ、お腹痛いの？　帰ろうか？」

私は、「母親」でありすぎるのかもしれない。

私が楽しめないと、相手を楽しませてあげることはできないし、私が安心していないと、子どもも安心できない。自分が疲れている時や、心配事がある時には、無理に楽しませようと思っても無理なのです。

母親は、子どもを見ています。いつでも子どものことを考えます。ただ、走りすぎてしまうことがよくあります。

子どもは、もっと母親を見ています。鋭い感覚で、私たちをしっかりととらえている。本当に子どものためならば、「母親」をやりすぎないでちゃんと私自身が楽しむことが大切なのかもしれません。

堂々とちょっと休もう。

子どものためだと思って、家族の平和のためだと思って、「母親」にブレーキをかけよう、「自分」はニュートラルに、時にはアクセルかけてライブに行ったたっていい。

私たちが子どもを思うように、お母さんの心と体が元気なことが、子どもたちの一番の喜びだから（多分）。

行５ 共同生活の妄想へ逃走

今の我が家、次男に手を焼いております。どんどんお口が達者になって、力が強くなって、事あるごとに私にガン飛ばしてきます（こんな言い方、今はしないかな？　笑）。

小学校に上がった長男は最近落ち着いてきてくれており、幼稚園に上がった次男が反抗期にいる感じと言えばわかりやすいでしょうか。毎日のように、次男と私は、ほぼケンカ状態でワアワアやっています。

長男が三歳の時はこんなに気が短くなかったと思うのですが、次男にはなんとなく、今（小学生）の長男と同じようにできてほしいと思ってしまうところがあって、許容の軸を三歳に戻せていないのかもしれません。本当に私は大人気なく、心が狭いです。

次男はお兄ちゃんを見ながら、年齢以上に頑張っているのに。

次男に対して怒りがわくのは、彼が思い通りにならない、つまりこちらがしてほしい動きをしてくれないからです。しかし、そんな私の思考は一般社会ではパワハラというやつに当てはまるような気がしています。親子というカテゴリーを意識すると、どうしても親が子どもをコントロールしてしまいたくなるのですが、子どもも意思をもって動くようになってくると当然それは難しくなります。もう、こうなってきますと、私と子どもたちは「親子」ではなく、もはや「共同生活を送る同居人」と割り切ることがあります。

一人が洗濯も掃除も食事の準備もする世話焼き（私）、一人が間に立つバランスとり役（長男）、もう一人がやんちゃで手伝いもしないGoing My Wayな男（次男）。これだけでドタバタのコメディドラマができそうでワクワク。それに同居人だったら、そこまで支配しようとは思わないのです。つまりこの妄想により、次男との精神的な距離を広げることに成功します。

この日も私が次男の荒くれっぷりに振り回されて、ドカンと爆発してしまいました。次男は大声で泣きわめき、長男は「そんなに怒らなくてもいいよ。じろう（次男）はまだ赤ちゃんなんだから」と次男をかばいます。

「そっか、そうだね、ごめんね」と言える時、「もう三歳だ！　赤ちゃんじゃない！」と引けない時、状況によって違いますが、こういう時の長男は仲介役らしく本当に素晴らしい働きをしてくれます。

そうやって、なんとなく別の世界にワープしたりして、**アクの強い同居人たちの世話を楽しんでいます。**もちろん「楽しめる時」限定の話ですけどね。

行 6 年功序列って、古いかな

我が家の子育て、よく言われます。

「今時じゃない」

うちでは、父ちゃん、母ちゃん、子どもたちという優先順位をつけています。近所に義実家もあるので、そちらへ行くと家主のおじいちゃんがトップに躍り出ます。ひいおじいちゃんは仏のように崇《あが》めます（たとえが悪いか）。

「強い」とか、「支配」とか、そういう意味の優先順位ではなく、「たくさんの経験をしている」「知恵がある」「敬われるべき存在」を知ってもらいたくて、ちゃんと「教えてもらえる人」になってほしくて、年功序列の考え方を取り入れています。

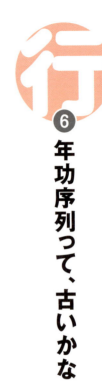

私は故郷では祖母とずっと一緒で、年寄りを大切にすることを当たり前にして育ってきたから、そうしかやり方がわからない。でもこの故郷でのベースが、三十五歳になった今も大いに役立っているように思います。夫のおじいちゃんを大切に思う時、患者さんに向かう時、道や電車で。

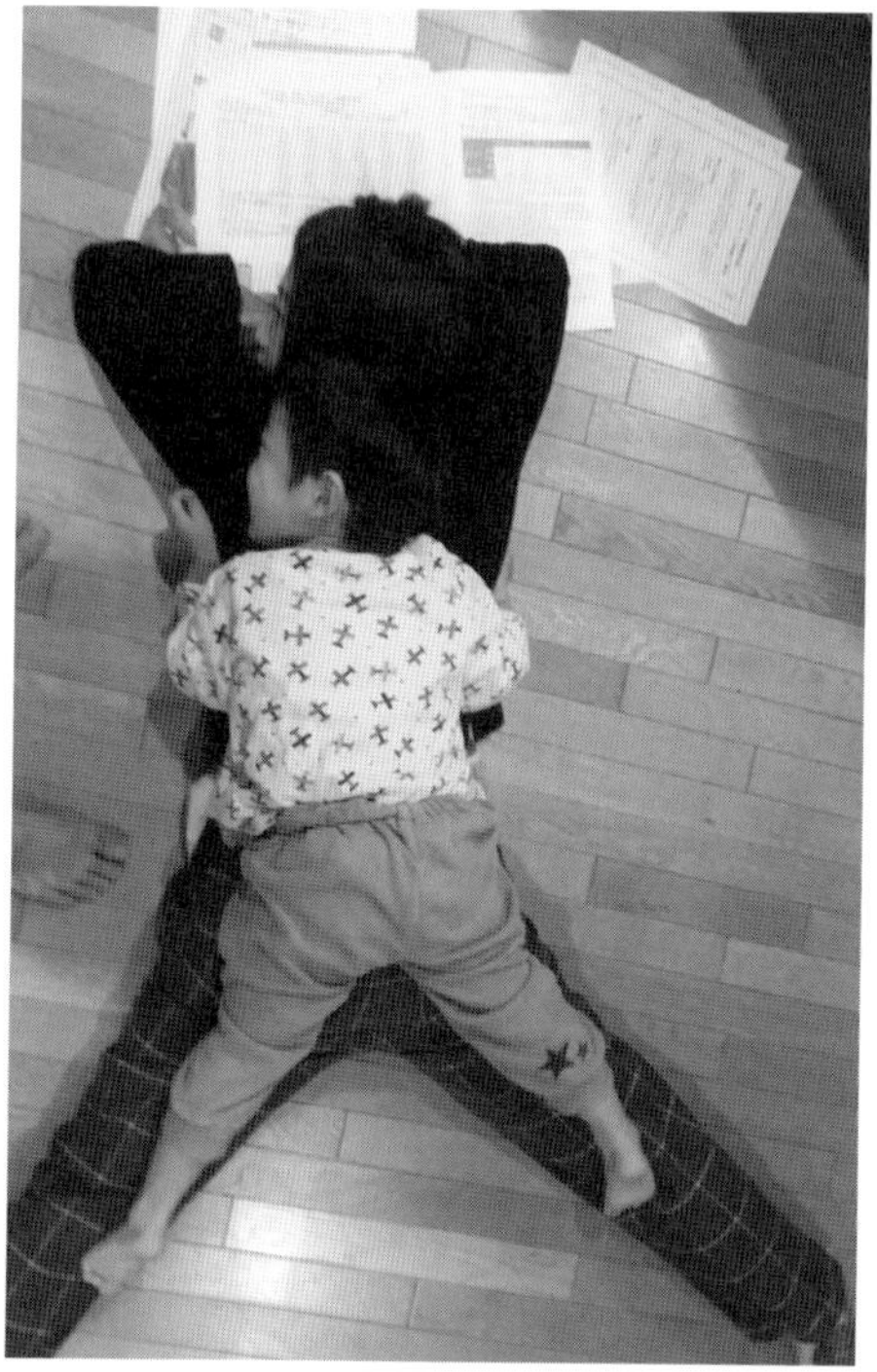

これも、合っているのかわからないし、反論もたくさんあるのだろうと思います。
そんな古くさいことを言っていると、世の中に新しい動きは生み出せないと言われたらそうなのかも。

うん、それでもいいの、**嫌なら自分で変えてもいいの。**
ただ、まず我が家は、年功序列。
親の姿勢が、一番の見本。

自分が生まれたこと、生きていることは当たり前じゃなくて戦争とか、震災とか、いろんなことを経験して、それを乗り越えて先に歩いてくださった人たちのおかげさま。

今私が生きていることは、ただひたすら、ありがたいことなのだと思う。

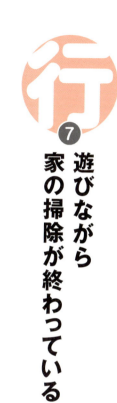

行7 遊びながら家の掃除が終わっている

月～金まで働いていることもあって、平日は洗濯をするのが精いっぱい。
掃除はいつも土日のどこかでしていたのですが、母ちゃんが片付ける傍《そば》から子どもたちが散らかし綺麗にする傍から汚していく。

脱力感といらだちが、自分の中で混じり合います。

自分のせいで家が汚くても全然気にならない私（気にしろ！）ですが、子どもたちが散らかすと何故かボウボウと怒りの炎が燃え上がる（最低か！）のです。

そこで私たちは雨が降っていたり公園にさえも出たくないとき（私がね）、「今日の遊び」を**「ぞうきんがけレース」**にします。

最初は「え〜そんなのやだ」なんて言っていた長男も、母ちゃんのぞうきんダッシュが速いのを見てチャレンジ精神が生まれたようです。

ぞうきんがけは全身運動。足腰も強くなるし、特にクマ歩きは胸郭や心肺機能を鍛えるとか。何より母ちゃんラクチン！　家キレイ！　気持ちがいい！

今では子どもたちが楽しみにしていて率先して片付けたあと、彼らは本気で戦いを挑んできます。

ただ、先日のレースで、白熱しすぎて止まれず、顔を強打し鼻血を出すという**母ちゃんなのでした（お前かい！）。**

素敵なお出かけがなくたっていい、人と比べなくたっていい。古タオル一枚をみんなでわけて「今」と「ここ」という最高のステージを大切にしたいんだ。

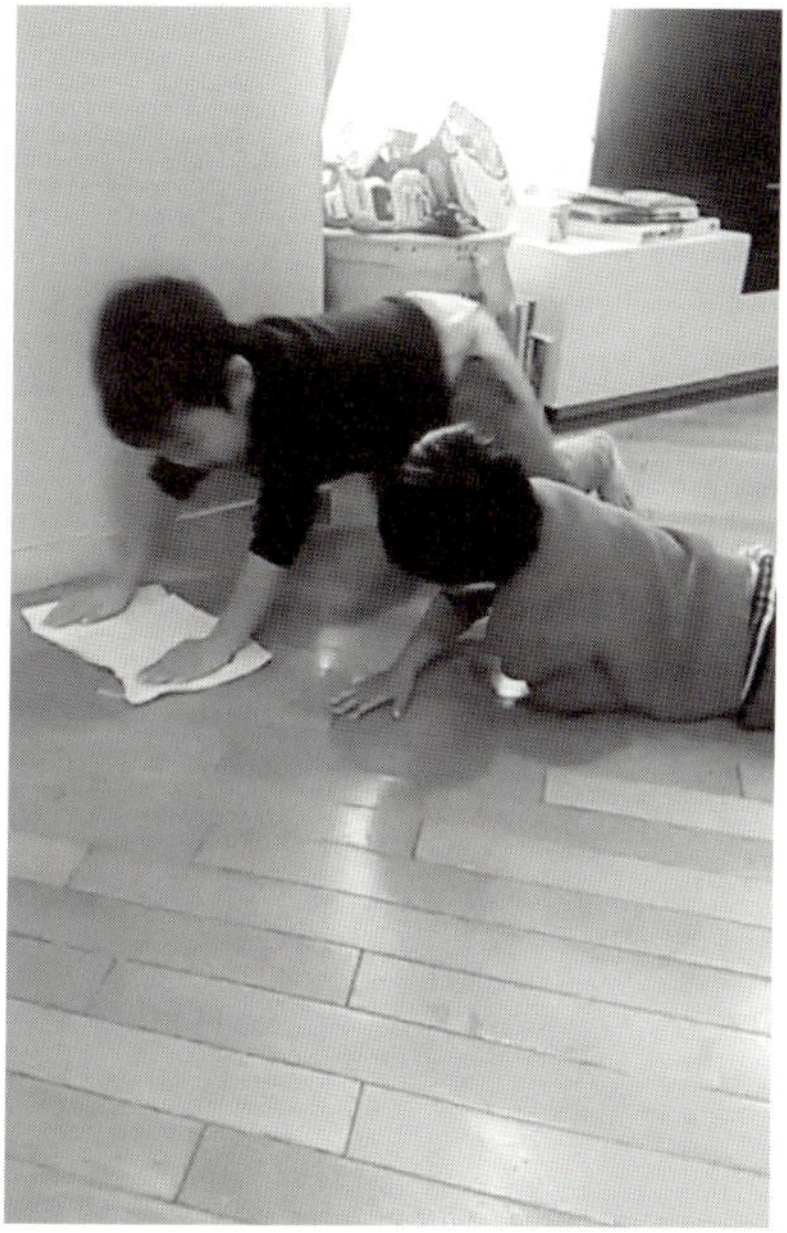

行 8

私は〝冬彦さん〟作成母だった！！！

もう何年か前のこと、公園でお昼を食べちゃえとなったときにコンビニで、

「ママが作ったごはんがいいい」

母ちゃんが地べたに座ったら、

「座っていいの？　**汚いから**何か敷きたい」

食べ始めてすぐに手が汚れて、

「お手拭きください」

おにぎりに虫が止まったら大騒ぎ。
公園の水は飲んだことがない。
汚れたからお風呂に入りに帰りたい。

あれ？
私、やりすぎていたのかも。
家を綺麗にしすぎたり、ちょっとでも食べこぼしたり汚したりすると拭いて着替えさせて、ごはんもお水も、整ったものを与えすぎていたんじゃないかな。

その辺の草を食べてでも生きていけるぐらいたくましくなってほしい。

なんて思っていたけれど、私がやっていることって、子どもたちのパワーをそぎ取ることばかりだったみたい。

周りの親子はみんな品が良くてキレイで、うちの子もみんなみたいにきちんとしなくちゃって、どこかで比べて、焦って、うるさく言いすぎていたんだ。
行動する前に母親の許可をとり、綺麗好きになり、私にとっては楽になってきたけれど、ママが一番可愛い、ママがいないと生きられないの人間じゃ、〝冬彦さん〟（知ってますか？）になってしまう。

少しクールに、離れて見ていようと思う。将来お嫁さんがどんなごはんを作っても、片付けられない人だったとしても、ちゃんと対応できるようなでっかい人間でないと、あんたたちが幸せになれんもんね。

ごめんごめん、母ちゃんとりあえず、

除菌スプレー捨てるわ。

行⑨ SNSにのみ込まれていないか

また反省点です。私は、多分**SNSにのみ込まれていた**一人だと思います。

いつだったか、まだ仕事と育児の両立を上手くやりたくてもがいていた頃（今はいい意味で割り切っています）、作り置きや毎日のごはん作りも頑張っていました。もちろん子どものために、そして私も日常のごはんを楽にするためにやっていたことなのですが、そうは子どもに伝わっていなかったのだと反省させられるエピソードがあります。

次男が、夕食に手を伸ばそうとしたとき、長男が言いました。

「じろう（次男）、まだだよ、**ママがお写真撮ってからね**」

長男は、私が夕食や手作りおやつの写真を撮ることについて何も聞いてきたことはないし、何に使うのかなんて、わかっているはずもない。でも「ママはごはんの写真が撮りたいんだな」って察して、毎回数秒間、待っていてくれたようなのです。

ああ、これはいかんな。

と私は反省をしました。料理を作ることや写真を撮ることが仕事であるわけでもないし、誰かに見せることが仕事でもない。その時から、私は、子どもたちの前でSNS用にわざわざ写真を撮ることをやめました。

子どもの写真を撮るのは君たちが可愛いから、大好きだから、残しておきたいから。料理を作るのは、君たちに喜んでほしいから、大きくなってほしいから、愛しているから。

このままじゃ、それが伝わらないかもしれないって、思ったのです。

わざわざいい写真を撮ることをやめてからは、とても楽になりました。

無理やり彼らの時間を割《さ》かずとも、自然な写真はたくさんあります。記念に撮ることももちろんあるし、その中から選んで使うこともできる。

大体、**失敗をさらけ出して生きている私のような人間が、**一生懸命飾った写真を撮ろうとしていたこと自体が、背伸びだったように思います。

昔はSNSなんてなかったから、料理だって平凡でも愛情たっぷりで美味しかったし、実家だってお友達の家だってそんなに綺麗ではなかったですからね。

人の生活の、たった一部（ここ大事！）を見てうらやましく思ったり、自分はダメだと思うことは、SNSの周りを私が衛星のように回っているようでもったいない。

SNSはただのツールとして使えるように、まずは自分の軸を強固に持っていたいものです。

行 ⑩

親の真似をして覚えていく

挨拶ぐらいできてほしい。

ご近所さんにも、先生にも、誰にでも。

私はいつも「こんにちはして」「先生にご挨拶」「ありがとうは」って、子どもたちに言ってしまうのだけれど。

何かの本で「ありがとうって思った時に、子どもはちゃんと言う」「挨拶が恥ずかしいこともある」という内容の文章を読んだことがあります。

それ以降、あんまり気にしないようにしています。先生へのご挨拶はさすがに言わせてしまうけれど（まだやっとるんか）、近所の人やママ友なんかは、たったそれだけでは判断しないでくれる関係になってきているから。

そうして（少しだけ）おおらかになって、子どもたちには何も言わず、私自身が「こんにちは！」とか「おはよう！」と率先して言うようにしていたら、子どもたちも私の真似をするようになって、**挨拶を楽しむようになりました。**

当時の私、どうだったかな。「こんにちはしなさい」とは言っていたけれど、果たして自分は、ちゃんと相手の顔を見て挨拶できていただろうか？　挨拶を楽しめていただろうか？　「子どもが挨拶もできない」なんて思われたくなくて、子どもにきちんと挨拶をさせることに躍起になっていたように思います。

子どもは、私を見ています。

子どもたちにやらせたいこと、頑張らせたいこと、まず私がやってみれば、勝手にやるように、なるのですよね。

私がゴミを拾ったら、**嬉しそうに公園でゴミを拾って帰ってきた**ことがあって。きっとこういうことなのですよね。

ちなみに、

「早くしなさい！　早く早く！」

「次に何をするか、考えなさい！」

「自分でさっさとやりなさい！」

こんな言葉も、恥ずかしながら真似をされました。

言われたことを真似する、見たままの行動を真似するのが子どもなら、いくら口酸っぱく言ったって、その「言葉」のコピーしかされないってことなのだろうな。

うるさく言うより、行動を……って思った今日だって、ガミガミ言っています。

わかっちゃいるのだけどね、難しいよ。

行 ⑪ 怒りすぎたあとで

私は、怒りっぽいのかもしれません。

大人社会で生活をする上でそう腹を立てることはないから、自分の本性ってあまりわかりませんでした。

でもなんとなく気づきました。子どもたちが自分のやってほしくないことをやり続けることに関して、とかく怒りの閾値《いきち》は低いように思います。

あの時もそうでした。

「やめなさい！　何回言ったらわかるの！」

「ママをそんなに苦しめたいなら、もういい、ママはいなくなる！」

何に腹を立てたかなんて、もう忘れちゃった。

ただこちらの思い通りに子どもができないことに対して、私が瞬発的に発する、切れ味の鋭い言葉とうなるような大声。

子どもたちは、泣きました。
私はコントロールを失って、心の奥にいる小さな自分が「やめて」って言うのをはね飛ばし、ただただ気持ちが進むままに疾走してしまいました。
子どもが泣くことさえ、許せない。
だって誰が悪いのよ、ママは何度も注意した、悪いのは誰？　何を泣いているの？

泣きたいのはこっち、あなたが泣くことなんて許せない。

そんな風に、この時の私は多分考えているのだと思います。

ふと、我に返ったときには、もう、彼らの心をえぐるのに余るほどの罵声を浴びせていました。
「ああ、ごめんね、ママも怒りすぎちゃったね」

こうやって謝るのは、たいてい彼らが「ママごめんね」「ママいなくならないで」って、私を求めてくれたあと。私にもちゃんと価値があるって誰かに認めてほしくて、子どもたちがそう言ってくれないと気が済まないようです。

そして、その場で必ず謝るのです。

だってそのあと彼らが涙を流しながら眠ったときに襲ってくる自責の念とか、後悔の気持ちに怯えているから。

ずるくて、嫌な人間だから。

でも子どもたちは絶対に私を悪者にしません。

「ママは悪くない」「悪いのは僕だから」「ちゃんとするから」

ここで初めて本当に「ごめんね」の涙があふれます。

よくよく聞いてみると子どもたちが泣く理由は「ママがいなくなったら困る」や「ママを悲しませた」よりも、もっと単純な「声が大きかった」「言葉が強かった」

からのようです。

自分の欲しい答えと違っているけれど、子どもたちはそんなことを考えられる年齢じゃないのに、私は怒りをぶつけているということが証明されてしまうのです。

面倒くさい、〝かまってちゃんの彼女〟のように。

息子たちには、おおらかで、フラットな母親でありたいのに。

私はこれを機に自分を変えたくて、この本を書いています。

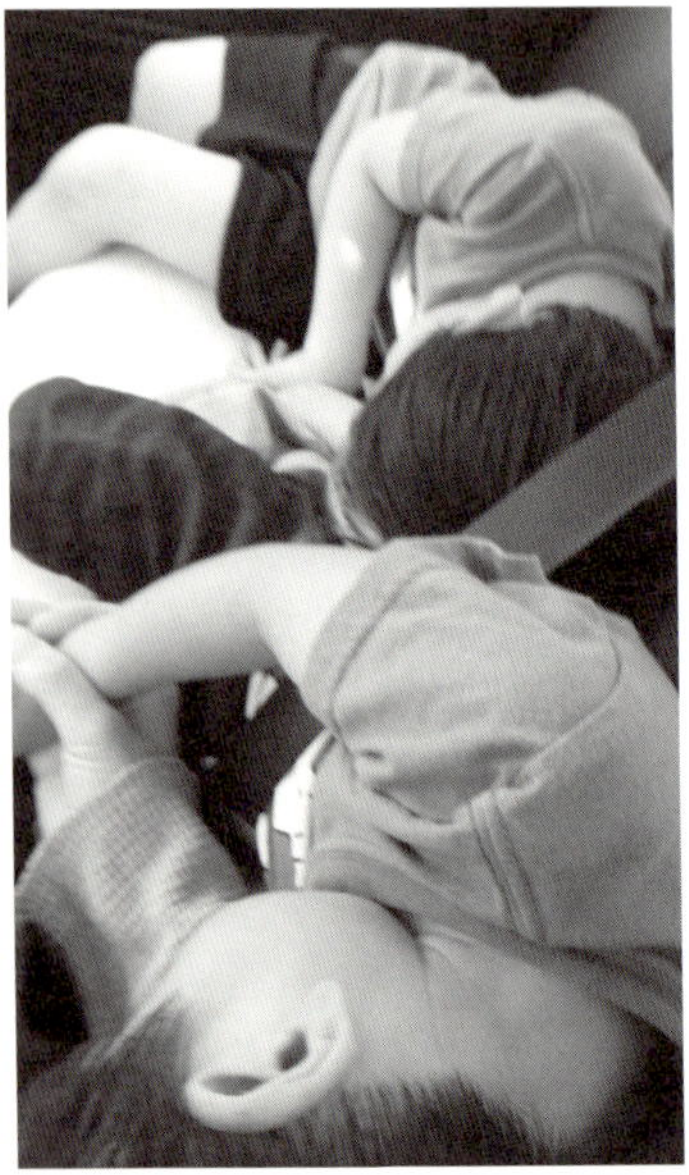

行⑫ 家にあるものが立派なおやつだよ

コンビニで、スーパーで。

「仮面ライダーのグミ」「ドラゴンボールのガム」

どっちもほしいと、泣きわめき、漫画のように床でダダをこねる子どもたち。


はい、母ちゃん、ブッチーンきたよ!!

調子に乗るな！　欲張るな！

こっちゃこれからごはん作るんだぞ!!

そこで、

今日はぜっっっったいに、買わん！！！と決めた。

大声でわめき癇癪を起こす子どもたちの首根っこをつかまえて、鬼の形相で無理やり帰宅。

さすがに母ちゃんの振りきった怒りオーラに気づいた子どもたちは「ママ、ごめんね。おやつください」って小声。

上手な丁寧語、初めて聞いた！

そこで、「仕方ないな」と差し出しました。

「はい！　今日はこれだ！」

大きな海苔、一人に一枚。

彼らは最初、少し驚いたような顔をしたけれど「何も言わせんぞ」の母ちゃんの顔を見て、だまってバリバリ食べ始めました。

みるみる彼らの顔がほころんで、
「おいしい、おいしい、**ママも食べていいよ♡**」と。
おいしいね。うれしいね。
わざわざ買わなくても、ちゃんと幸せなおやつなんだね。
教えてくれてありがとう、おいしい海苔に、感謝だね。

母ちゃんも、子どもの頃
海苔とか、きゅうりとか、
干しシイタケをおやつに食
べていたよ。
ただ、海苔をたくさん食
べたら白髪が出ないよって
のは、ちょっと違ったけれ
どね♡

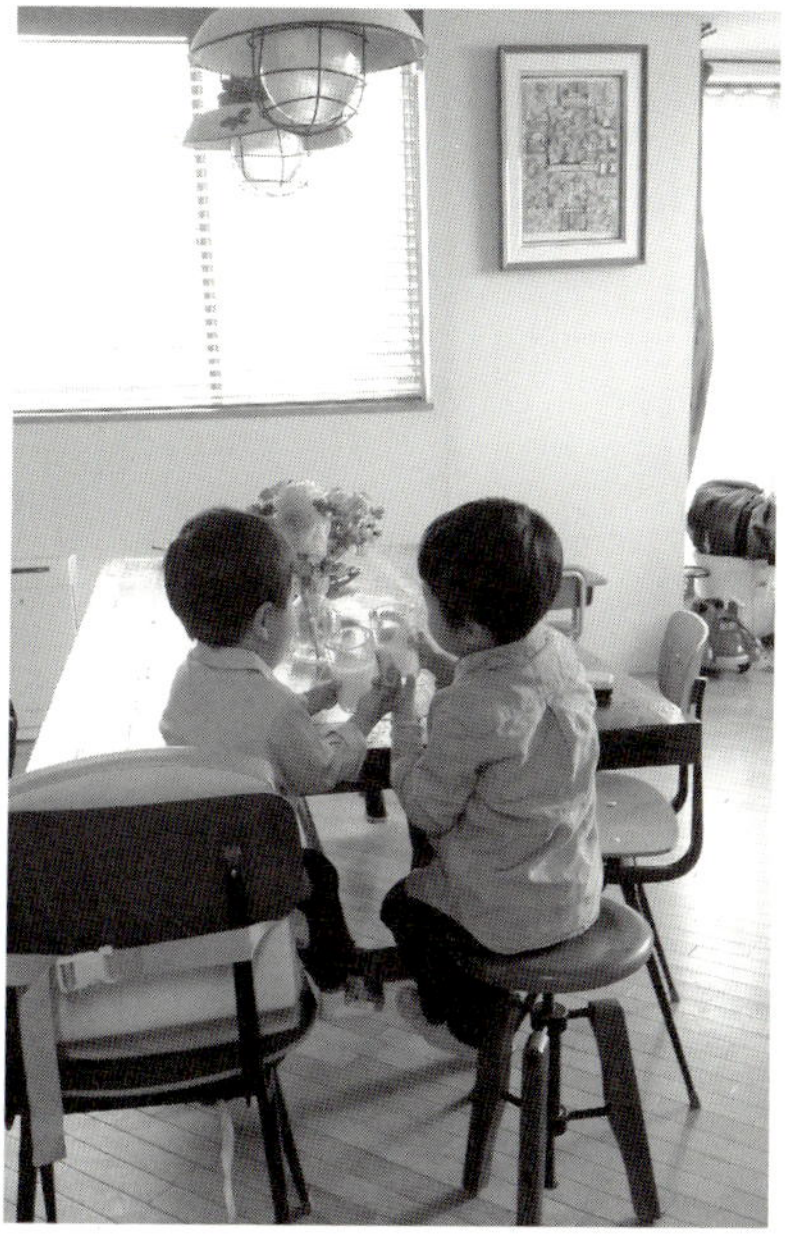

行

⑬

我慢させすぎると卑しくなった

うちの子どもたちは、とにかく小食でした。
だから、カロリーが足りているのか心配になって、おにぎりとかサツマイモとかバナナとか半分主食のようなものをおやつにしていました。

そうしたらある日。
お友達のおうちで出してくれた、チョコレートやキャンディーがおいしすぎたらしく、
誰よりも執着して、ずっと食べていました。

母ちゃん、顔から火ぃ出そうだったよ。

そうだよね、普段から制限しすぎるとちょっと卑しくなっちゃうよね。

母ちゃんも、ちょっと痩せたいなと思って夕飯のごはんをお茶碗半分にするとさ、夜中にもっともっと食べちゃうもんね。

何事も、ほどほどがいいね。

そうして母ちゃん自身を緩めたら、ちゃんと君たちも、安心してごはんも食べるようになったね。

目くじら立てなくたって、行きつく先は、きっと一緒なんだろうね。

行

⑭ けじめったらけじめ！で
ごはんが楽に

ずいぶんと長い間私の悩みは、彼らの「食」でした。

小食すぎることもそうだけれど、特に彼らが食事に集中しないことが私をイラつかせていました。

すぐに立ち歩く、ちょっかいを出し合う、ごはんで遊ぶ、いつまでも終わらない、そしてやっと終わったと思ったら、

床もテーブルも椅子も彼らもぐちゃぐちゃのベトベト。

夫は仕事で不在のことが多く、ごはんはいつも三人で食べるので、あっちを拭い

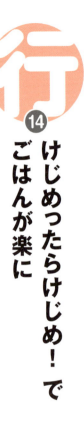

てこっちを見張ってと、自分のごはんなんて食べられやしませんでした。

そこで母ちゃんは考え、決めた。ここは、今から「ごはんワールド」そして私こそがトップ・オブ・ザ・ワールド!!

けじめのないやつに食べさせるごはんなどない！

「いただきますに、いたしましょう！！！」を、母ちゃんが音量

マックスで言い、「いただきます！」を子どもたちに音量マックスで言わせる。
ごちそうさまも同様にして、一斉に自分のおぼんをシンクに運ばせ、ごはんが終了。

これをやっただけで、ちゃんと食べるようになったし、当時二歳だった次男も「いただきます」まで待てるようになったし、「いただきますに、いたしましょう！」の掛け声も自分たちでやるので、ごはんの時間がものすごく楽になりました。

ただ、たまあに外食をするときに、とても恥ずかしいことになります。

なんせ音量マックスですから。

もしもファミレスで、大きな掛け声をしている家族がいたら、ぜひ声をかけてくださいね。

それが我が家です。

行15 ある日、野菜嫌いが直りました

野菜嫌いの長男。

特にトマトは食べません。トマト好きの次男がすぐに、長男のトマトをプツッと刺して食べてしまうので、「も～仕方ないなあ」とかなんとか言って、喜んで弟に譲っています。

それでもいつかは食べてくれるだろうと、サラダ、焼き、煮、好きな味付け……毎日あの手この手で工夫していましたが**いっこうに食べてくれない。**

母ちゃん、ある日もうしんどくなって、

「サラダなんか、作ってやるもんか！　どうせ食べないんだろ！　ワイは疲れとんじゃ！」

って、**きゅうりを一本持たせた。**

すると、どうせ食べないだろうって思っていた、味のないきゅうりをバリバリもりもり、食べる食べる食べる。

味なしきゅうりがとまらない。

ええ!?　それでいいんだ？

いっぱい本を読んでいっぱいネットで調べたよ。

今までの努力は？　今までの心配は何だったん？

その日から、彼らはにわかに野菜好き。

野菜を取り合って食べるようになりました。

きっかけなんてわからない。
何がハマるかわからない。

ただ、**あきらめなくてよかった。**
しつこく頑張ってきたらふっと力を抜いた瞬間に降ってきたご褒美。

正解なんてわからないから、誰か（もちろん私も）のやり方を真似しなくていい。
答えがわからなくても自分なりにやっていこう。
それで子どもから何か素敵なことが、はねかえってくるといいなあ。

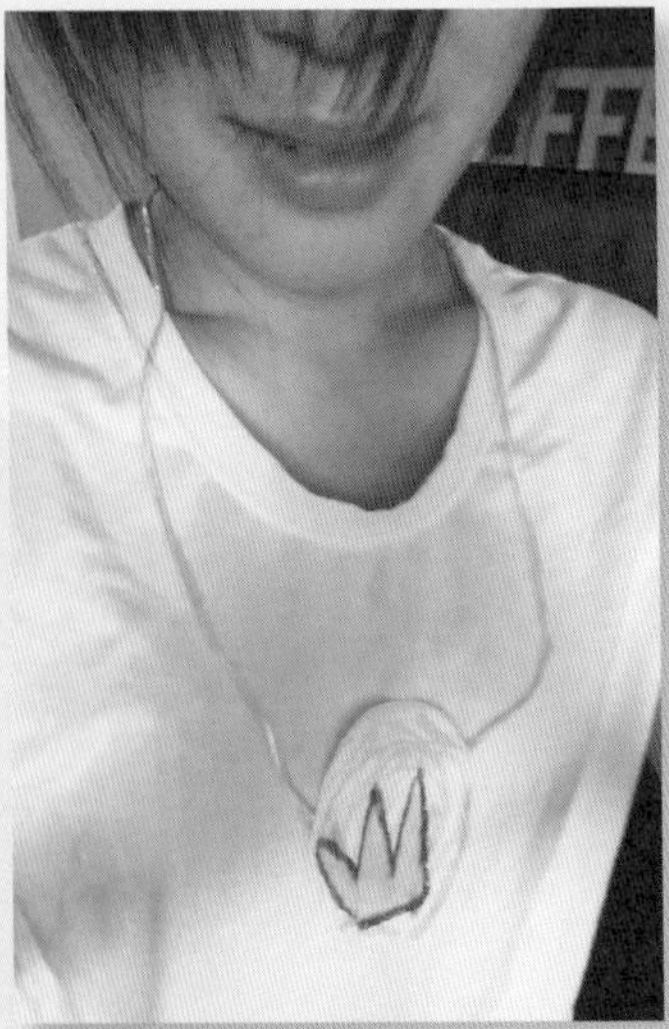

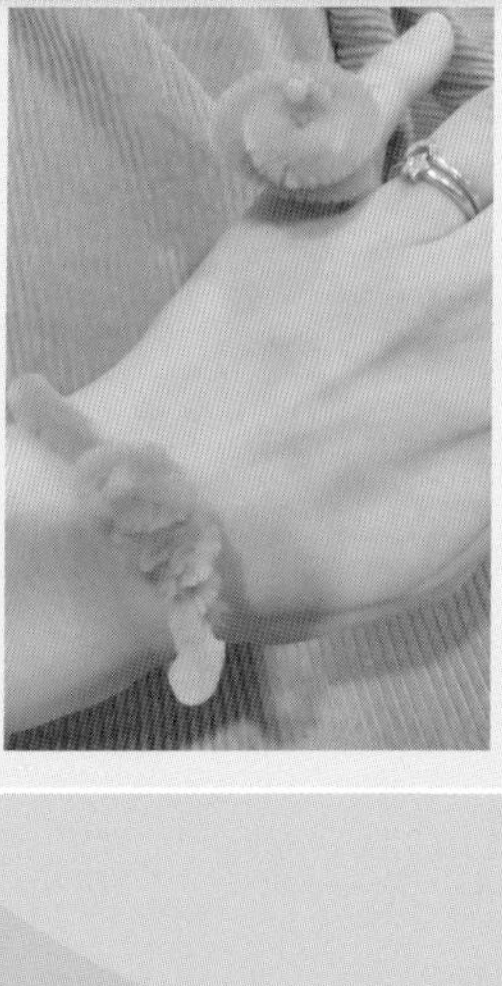

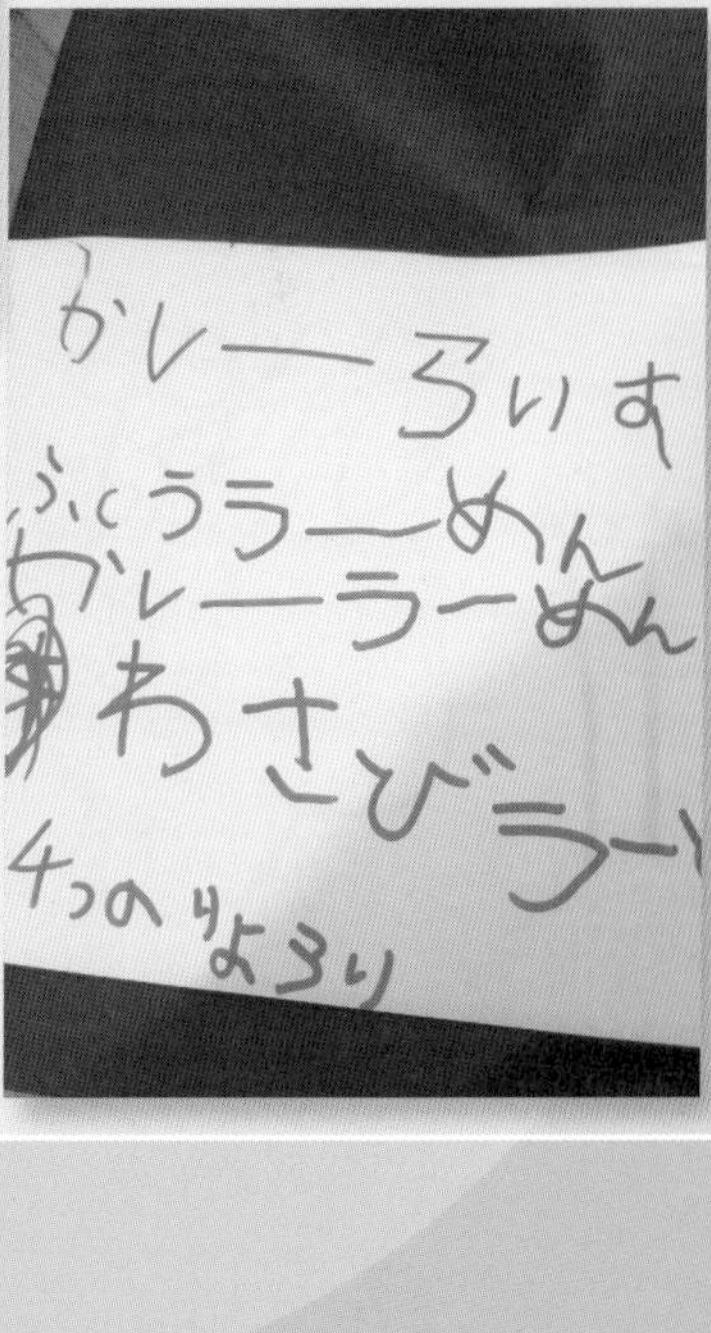
かレーらいす
ふつうラーめん
かレーラーめん
わさびラー
4つのりょうり

行

16 人の振り見て我が振り直せ

子どもの心が穏やかで、誰かを守ってあげることができたり、自分に自信を持てているなと感じるのは、私が少し、優しい時。

子どもが小さなことでイライラしたり、相手に対して鋭い矢のような言葉を命中させるのは、決まって私がそうして、**彼らを刺している時。**

「○○しないとおもちゃ全部捨てるよ！」
「誰のためだと思っているの！」
「まだできてないの！　早くしなさい！」

これは次男が（多分母の真似をして）長男に向かって放った言葉。

頭に重い石でも落ちてきたかと思うほど、私はショックを受けました。実際の、

生々しい私の言葉だ、と。

子どもたちは（私の機嫌に振り回されながら）時には絶え間なくこんな言葉を浴びせられ、彼らの柔らかいスポンジで何とか吸収をしているけれど、そのうち吸収できなくなった悪液が染みだしてきて、親のコピーとなる。

タイトルの「人の振り見て我が振り直せ」って、私のせいなのにあまりに無責任だと思うけれど、あえて子どもを「自分が作り出した人」や「外から見た自分」という風に考えてみると、あ、いかんな。と冷たい汗が流れます。

同じようなお母さんが、どっかにいるのかな。

こんなことを書いていいのかな、共感なんて得られないかもしれない。

でも、今の私はこんなだから、こんな本が出来上がっています。

今ならまだ、今ならまだ何とかなる。子どもたちの傷を深めまいと焦るのに、自分の感情とホルモンバランスが追いついていないようです。ああ、どこかに、

「余裕」って売っていないのかしら。

そんなことを考えながらも、私は今変わろう変わろうともがいているところです。

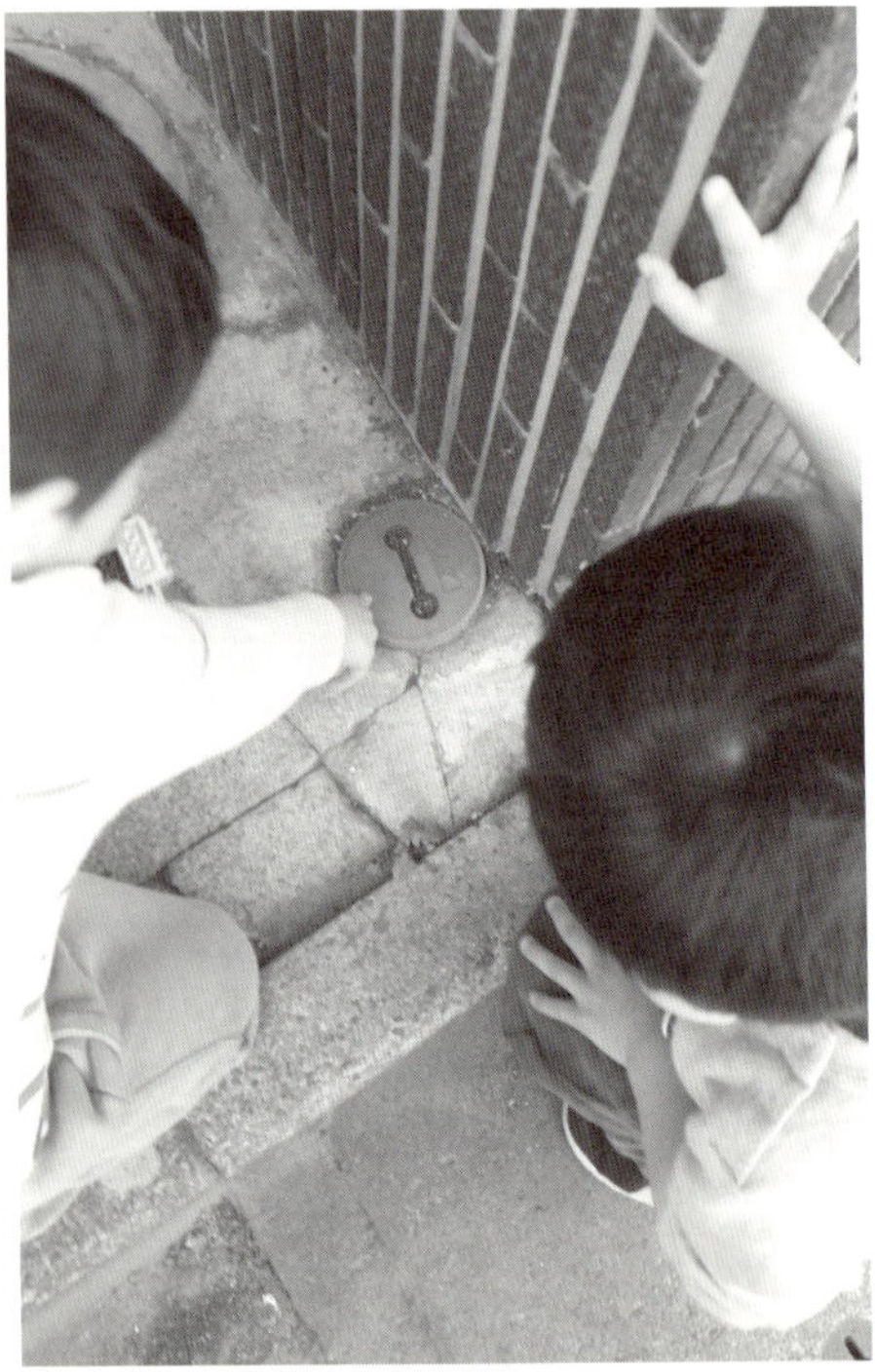

行17 不便を教えるということ

先日、商店街の魚屋さんで、次男が、姿のままの真っ赤な「メバル」を見つけました。次男は「これ、これ」と、そのメバルを買いたいと言いました。しかし私は仕事帰りで疲れていたし、時間もないしで、さばかずに済む切り身を買って帰りました。

しかし、次の日も魚屋さんに行くと、次男は**昨日と同じメバルをどうしても買いたい**と言います。

「旬だから」という魚屋さんの一言が、子どもに食べさせておきたいという母の心をくすぐり、ついにこの日は姿のままのメバルを買うことにしました。次男は「赤のお魚」がカッコイイと思ったようで、帰路ではその話を繰り返していました。

帰宅後、夕食で姿焼きのメバルを出したところ、その「目」の大きさに長男も次男も一瞬驚いたような表情をして、静かにいただきますをしていました。いつもより静かに食事が進む中で、長男がこう言いました。

「メバルのパパとママ、かわいそうだね」

切り身にどんなに「お魚さん」と敬意を表しても「命をいただくありがたみ」を説いても、伝えられなかったこと。私がたった一つの手間を惜しまないことで、いとも簡単に、しかも自分から学ぶのが子どもなのでした。

魚が本当に生きていたことに、「たまに」の姿焼で気づく。
既存の情報の中を泳ぐのではなく本を読む。
自分でさっとやるより、みんなで雑巾をかける。
インターネットでなく、辞書や辞典を使う。

道草ばかりで時間がかかっても足で歩く。

いろんなことを、私は便利にすることばかり考えていました。私にとって当たり前のことは、過程をパスしようとしていました。でも、子どもにとっては、そこが重要だったりもするのですよね。

便利を知ったら不便には戻れない。今の私もそうだなあ。

こんなに便利が当たり前の時代に、不便を教えてあげることの方が難しい。でもそれを知る価値は、子どもにも私にもきっとある。

便利と不便を知ったうえで、いつか自分の考えでどちらかを選択できるようになってほしい。

そうやって、少しだけ私のやるべきことが見えた出来事でした。

ただ、そんなことを書いている私は、ロボット掃除機を買うための貯金を毎月しているところです。十分間さえ統一されない思考が、迷える母の証です。笑。

行⑱ 険悪な空気は隠せないけれど

親のケンカを子どもに見せるなと、何かで読んだのか誰かに言われたのか、なんとなくそうしないといけないのだろうなと思っていました。

私たち夫婦は、あまりケンカをしません。

というよりはお互いに忙しすぎて、ケンカをするための時間を持つことができないというだけです。

それでも、私は**定期的に爆発**します。夫が悪い事をしたわけではないし、仕事が忙しいなんて仕方のないことだとわかっているつもりなのに感情的になって、涙を流しながら「自分ばかりが辛い」「うまくいかない」と訴えることがあります。

1か月ほど、ほとんど顔を合わせないような生活が続いた時期がありました。

平日も週末も「う○こ」「ち○こ」ばかり叫んではしゃぐ息子たちとしか関わらず、ついに私の感情が雪崩《なだれ》を起こしました。私は子どもたちの目の前で、夫にワーッと言ってギャーッと泣きました。夫も驚いたと思いますが、子どもたちにはより衝撃だったでしょう。母親の情緒のうねりに、否応なく巻き込まれてしまったのですから。

しかし、しばらく見ていた子どもたちが、冷静に「ママ、パパはそんなつもりじゃないよ」と、一言発しました。多くは語らないままの父親の代わりに。

仲裁に入るとか、どちらかの味方をするとか、彼らにはそういう機能は備わっていないようなのに、客観的で的を射た発言をするものだから、子どもとはいえ侮れないです。おかげで私も妙に冷静になって、「そっか。ごめんね」と、素直に自分の幼稚な言動を反省することができました。

それから子どもたちはその件について何も言わず、いつも通り楽しく就寝しました。

翌日、私は子どもたちに言いました。「昨日はごめんね、ママ、パパに意地悪だったよね」すると「ママ、そんなことないよ。おれたちも悪かったんだよ。パパと仲良しになった？」と。私はまた、驚かされました。彼らは何も悪くないのに、ヒステリックでエモーショナルな**みっともない母にさえ優しかった**のです。

「うん、ママね、疲れちゃったから、少しパパとお話したかっただけみたい」

と言うと、彼らは嬉しい気持ちを全身で表現してくれました。

この一件で、夫婦の険悪な空気というのは、隠せない時があってもいいのだということを学びました。とげとげしい発言も、ちっちゃな（いや大きいか）ため息も、子どもたちには全てお見通しなのです。

おそらく彼らは夫婦ゲンカを見たくないというよりも、「仲直りの過程」とか「仲直りをしたという結果」を見たいようなのです。夫婦間で衝突があるということは、お互いに興味があるからこそなのですから。

子どもも大人も関係なく、先生も生徒も医者も主婦も関係なく、悪い時には

自分の非を認める、謝ることができる、許そうとする。

そういう人間らしい「相手に伝える」という解決方法を、彼らはまず一番身近な私たち両親をみて学ぶのかもしれません。

逆に、言葉ではなく暴力や、仮面をかぶってやり過ごすという行動を両親がとっていたとしても、子どもにとってはそれこそが自分の親のやり方であり、見本となってしまうのだと思うと、身が引き締まります。

将来彼らが自分の選んだ人と一緒に生活をするときに、親の解決方法を手本とするのか、反面教師とするのかはわかりませんが、きっと親のケンカを見ることだって無駄ではないはずです（と、正当化）。

こんなにも人の感情は動くのだという事実は、親にしか教えられないことでもあります。その上で親として見本となれる行動をとっていきたいと思います。

素直であること、相手を思いやること、「言葉」を使って問題を超えていくという「人間」らしい解決方法を、たまに見せてしまうケンカのデザートとして添えて。

行⑲ 大事な時に頑張れる理由は

これは私の子育ての話ではなく、私が受けた子育ての話です。群馬の片田舎に生まれた私は、それはのびのびと暮らしていました。広い土地で走り回り、小学校に入っても川で泳いだり、虫を捕まえたり、**泥団子を食べたり（おい！　笑）**していました。

父親は私に「とにかく外で遊べ」と言いました。母親からも勉強をしろと言われたことはありません。「宿題をやったか」とか、「テストはどうだった」とか、聞かれたことも一度もありませんでした。

私が親になって、両親がそうしてくれたことの難しさや大切さを痛感しています。

今の私はといえば「宿題はどうだ」「お友達はできたか」「人に迷惑をかけていないか」といった具合に、秒ごとに質問攻めをしているような状態です。習い事も、周りの話を聞いてはあれもこれもとやらせたくなってしまいます。

でも、自分の幼少期を考えると、**「ただ遊ぶ」**時間がありました。それは、体を動かすことでもおままごとをすることでもよいのですが、「私が自分でやりたいことを決めてやる」時間でした。習い事で「与えられることをこなす」ことに精いっぱいだったり、子どもの才能を見つけようと躍起になり、芽が出ないのなら次の習い事を探す。少なくとも私の両親は、こういう風ではなかったなと。そしてこの「学校と習い事以外の時間」が、私にとっては心の落ち着く時だったような気がします。

幼少期に自由にしていたからか、才能も取り柄も特に発見できなかった私ですが、この「遊ぶ時間」のおかげで、よく笑い、体力をつけ、真っ黒に日焼けをし、大量のそばかすを蓄《たくわ》え、本を読み、**自分で将来やりたいことを見つけ**

ました。

まさに今の私はすべて、「遊びの時間」で形成されたものだと言えます。その後は自分の決めた夢を叶えるため、これまでの「遊び貯め」を熱意と集中力に変換し、一気に猛ダッシュすることができるようになりました。

そう考えると、今我が子はサッカーを習っているのですが、「サッカーを習っているからいい」のではなく、「自分でやりたくてボールを蹴りに行く」時間って、とれているのかなと考えてしまいます。自分がしてきてもらったことなのに、できないもんだなあ。

田舎もんの母ちゃんが東京にかぶれて周りばっかり見て、お金ばっかり使って、気を揉んで、とんでもなく狭い視野の頭でっかちな男を育てている場合じゃあない！

子どもは、子どもだから、子どものうちにちゃんと遊ばないとね。

頑張る時期に頑張るパワーを、今のうちに溜められるように、

母ちゃん少し、キチキチするのをやめたい！（願望）

また、中学へあがっても、親のサポートがKeyとなっていたように思います。母は、不登校になった中学時代、何も言わず私を待ってくれました。そのあと勉強についていけなくなった時、父が毎朝早く起きて私に勉強を教えてくれました。どれだけ夜遅くに帰っても、翌朝のために私の教科書で予習をしていたことを母が教えてくれました。「行きたい高校には届かない」と担任に言われた時に父は、

「うるせえ！　やる前にあきらめるな！」

と言って、何が何でも私を励ましてくれ、追い込みで合格しました。

ここから医学部に入るまで、入ってからがまた一筋縄ではいかぬのですが（笑）、このようにして、両親はやり方さえ違えど、「子どもを信頼する」という同じスタンスをもって、いつでも私をあきらめずにいてくれました。

今になってあらためて気づくそんな両親の子どもへの思い、受けついでいきたいです。

行20 良いところを真似すると、優しさが巡る

結婚したおかげで出会えた親友がいます。

彼女は、心が綺麗で、涙もろくて、優しい。

年は三つも下だけれど、見習うところがたくさんあって、いつもありがとうねと話していたときのこと。彼女が「あっこさん（私です）ならこうするなあって思って行動していることがたくさんある。例えば義両親への優しさとか」と言ってくれました。彼女も私と同じ気持ちでいてくれたんだと嬉しくなると同時に、私は別の人を思い浮かべていました。

私には姉が二人います。私の二人の兄と結婚してくれた、二人の義理の姉です。

兄妹というのは、いつかは疎遠になってしまうかな、家族ができたらもめたりすることもあるのかな、と多少の覚悟はして、私はもう嫁に行くし、実家は兄たちに任せようと思い、東京に出ました。ところが、予想していた兄妹の家族の関係とは全く違っていて、姉たちが私のことをいつも気にかけて、大好きでいてくれるのです。私だけではなく、彼女たちは義両親（つまり私の実の両親）のことを大切にしてくれるし、祖母や親戚のことをいつも褒めてくれます。

私は、彼女たちのようになりたいと思い、いつでも真似をしていました。義理の家族に恵まれたこともそうですが、姉たちの**優しさを真似することが、いい関係をさらに良くしてくれる**のです。

そのことを、親友と話した翌日、電話で姉に伝えると、彼女も同じことを言いました。「あっこちゃんやお姉ちゃんや、お義母さん、おばあちゃん、みんなみたいになりたいって、いつも思っているんだよ！　親戚の人たちも優しすぎて、本当に感謝しているんだよ」と。

私は涙が止まらなくなって、すぐ耳元にいる姉に包まれておいおい泣きました。そうやって真似してきた良いところを見てくれる人がいて、さらにその人も良くなって、優しさが輪っかになるなんて、こんなに素敵なことがあるでしょうか。真似をされるって、悪いことではなくて、その人が素晴らしいから、大好きだから、憧れているから、されるのだと思います。称賛をもらったのだと。だから、

私はこれからも真似をし、真似をされるような人になりたい。

それは子育てでも一緒で、子どもの方が良いところ、すごいなって思うところがたくさんあります。

大人だから子どもだからではなく、ただただ一人の人として、良いところをたくさん見つけて、真似して、また真似されて、そうやってお互いに成長していきたいと。完璧な親にはほど遠いので、まずは人として真似されるように頑張ります。

行21

ラベルをはがせ

「自分は自分」とわかっちゃいるけれど、自分を持つことには勇気が必要です。

楽しそうな園ママたちを見ると、**出遅れたか!!** なんて焦ったりします。

保護者参観には個性を消すために紺色を着ます。

周りが塾に行っていればその情報が気になります。

子どもがお友達と何かあったと聞けば、先生に連絡したくなってしまいます。

自分の世界を持っている子どもも、持ちすぎると今度は心配な呼び方をされてしまいます。

ママ友トラブル、カースト、教育ママ、モンスターペアレント、子どもの呼び方もたくさん。

本当に？　それって変なこと？　いけないこと？

無理やり名前を付けて、ラベルを貼りたがる世の中。

違う国に行ったら常識も許容範囲も違うかもしれないのに。

子どもたちがカテゴリー分類されたり、昔はなかった疾患名がやたら増えたりして、それはそれは、窮屈です。

私だってどこかに当てはまると思います。

むしろ当てはまらない人なんているの？

じゃあこの人は当てはまりませんっていう線引きはどこで、誰が決めたの？

なんでもかんでも、誰かが作った言葉の箱に無理やり押し込めなくていいと思いたいです。

疾患名が付くことで救われることもあるけれど身動きが取れなくなっている人も、私と同様にたくさんいるはず。

医者のくせにって言われてもいい。私、親だし、子どもだから。

勝手に貼られたラベルがあるなら、はがしたいのです。

行
22
兄弟ゲンカって、ケンカじゃない

兄弟ゲンカが多くなった時期がありました。

次男は長男のことを呼び捨てにし、長男を馬鹿にしたような態度をとっているように見えました。長男も、何かあると次男に腹をたてすぐに大きい声で怒鳴るように。

たかが兄弟ゲンカですが、何か意味のあることのように思えたので原因を考えてみると、おそらく「私」でした。私が**長男を怒りすぎていた**ことです。

「早くしなさい！」

「お兄ちゃんのくせに！」

「返事しなさい！　太郎！　太郎！」

次男は、こういう私の態度を見て、無意識に「こいつ大したことないんじゃん」

というようにお兄ちゃんを見下してしまったのかなと思いました。

だから、ちょっとやり方をかえて「お兄ちゃん」というワードを使うタイミングを「二人をほめる時」「次男を叱る時」だけにしてみました。

「次郎（次男）、優しいねえ、お兄ちゃんが優しいから次郎も優しくなれるんだね、えらいねえ」

「太郎すごいじゃん！　さすがねえ、さすがお兄ちゃんだねえ！」

「次郎！　それはよくないね、お兄ちゃんはそんなことするかな？」

「お兄ちゃんである価値」を、**二人がプラスのものとしてとらえられるように、**長男を叱る時は「お兄ちゃん」という言葉を出さないように心掛けました。

私の場合、「平等！　平等！」と言いながらそうでもないから。

次男には「立派なお兄ちゃん」を刷り込み、長男の尊厳を守るようにしたら、ケンカは激減。長男も、まずは自分が頼られて満足していないと、弟に優しくなんてできないようなのでした。次男が不満をもつかなと思ったら、「お兄ちゃんもこれやるの？」とか「お兄ちゃんみたいになりたい」と言って長男の真似をするように。

とはいえケンカは毎日のようにします。

でもきっとそれは必要で、ケンカの仕方を知っている、**痛いことやアウトを知っている、そういう人間になろうぜ**って兄弟で練習しているように思うのです。

両成敗も、ちょっとしたひいきも、見て見ないふりも、取っ組み合いも、「家族ならではの愛」の証だと信じて、長い目で見られるようになりたいです。

行 23

批判をする前に

息子さんのお友達のママとの関係で悩んでいる人から手紙を頂いたことがあります。ＳＮＳで攻撃をされたり、ネット上に書き込みをされたりする、と。

それは、辛いです。私もそれをされたらまいっちゃうなあ。

私も小中学生の時、手紙などでさんざんやりました。受け取る方も、渡す方も順番に回ってきて。でもその経験があるから、大切な友人を大切にできるようになったし、何があってもぶれない自分を手に入れることができました。

ただ、私の場合は子どもの時の話ですし、面と向かって意見を言えたし、お互いの涙を見たし、何より直接「ごめんね」ができました。
しかし大人になってからのこういうトラブルは解決しにくいです。子ども同士の関係に影響を与えるかもしれないし、特に相手が見えないインターネットは得体のしれない恐怖をもたらします。SNSに自分の軸がのみ込まれそうだと感じ精神的に追い込まれることもあります。

人様のもめ事に首を突っ込みたいというのではないですが、いつも考えている事項ですから、自分の本ではページを使おうと思います。
私たちが気軽に発信する一言で討ち取ろうとしているのは、**鬼の首ではなく人間の首**だということに気づいてほしい。真っ赤な血が、恐ろしいほどに、流れるのです。

今日の世は、批判をする人が多いです。誰もがもっともらしくて、専門家のように見えます。実際には肩書どころか、名前を名乗ることも、初めましての挨拶もしていないのに、あたかも同じか格上の土俵に立っているようにして批判します。他人の失敗を今か今かと待っている人がいるようにも思えてしまいます。

冷たい活字を投げつける前に相手がどう思うかな、それをする自分ってどうなのだろうって、いったん考えてみたいものですね。三十文字あれば、なんだって伝えられる。せっかく三十文字を使うなら、マイナスのうねりの一端を担うのではなく、誰かに必要で、誰かを救う自分なりの言葉を選んでいきたい。だってそっちの方が、ずいぶんと意味のあることだと思うから。

失敗もたくさん経験しながら、必要な言葉をその都度もらって成長する。人間なんて偉くない。地位も名誉も関係ない。海に入ればもくずと一緒、宇宙規模で視野をとればちっぽけなチリと変わらない。

勘違いするのやめよ、優しく仲良く、やっていこ。

行 24

例えば「小１の壁」が出現しても

「小１の壁」というのは、子どもが小学校に上がると、下校時刻が早かったり、夏休みが１か月もあったりして、保育園の頃より母親が働くことが大変になるということを言うようです。

私がそれに出くわしたのは２０１７年から２０１８年にかけてでした。

小学校を公立にするのか私立にするのか、どんなふうに子どもの人生をサポートしていくか、毎晩遅くまで夫婦で話し合ったし、「これは頑張ろうか」「これは無理だね」ということも見つけました。これは、夫婦間での教育方針の違いや、お互い忙しくてすれ違っていた時間を埋めていくような作業にも思えました。

子どもたちの人生と、母親である私の人生。

たくさん考えて、私は大学病院をいったん退職することに決めました。長男が小学校に上がる時期に合わせたので、よく、「小1の壁に当たったね」と言われますが、確かにそうなのかもしれません。


でも、今一度考えてみました。

長男が小学校に入るから、仕事をセーブしたいと思ったことは事実ですが、小学校入学の「せい」で仕事を続けられないわけではなかったのです。

長男が私に、

「ママ、どうしてお仕事やめちゃうの？　大好きでしょ？　たろう（自分）のせい？」

と聞いてきたとき、私は真っ先に、

「ママのためなんだよ」


と答えました。

「ママが、今は太郎と一緒にいたくて、次郎の幼稚園も見たくて、ママのわがままでいったん病院からお休みをもらったんだよ」

と。

「小1の壁」は、私たち母親の心が動く時期だからこそ存在するもので、もっと働きたいのか、何より優先して子どもを見たいのかを考えるきっかけなんじゃないかなと思うのです。

私は「小1の壁」を越えられなかったのではなくて、長男と一緒に小1という道を歩きたかったし、自分にとって一番大切なものに集中したかったから決心したのだと思っています。

周りにながされて無理やり越えなくったっていい、選択肢があるのならありがたい。自分が後悔しない道を、10年後の自分に相談しながら、これからも決めていきたいと思います。私の今は、今の私にしか決められないので。

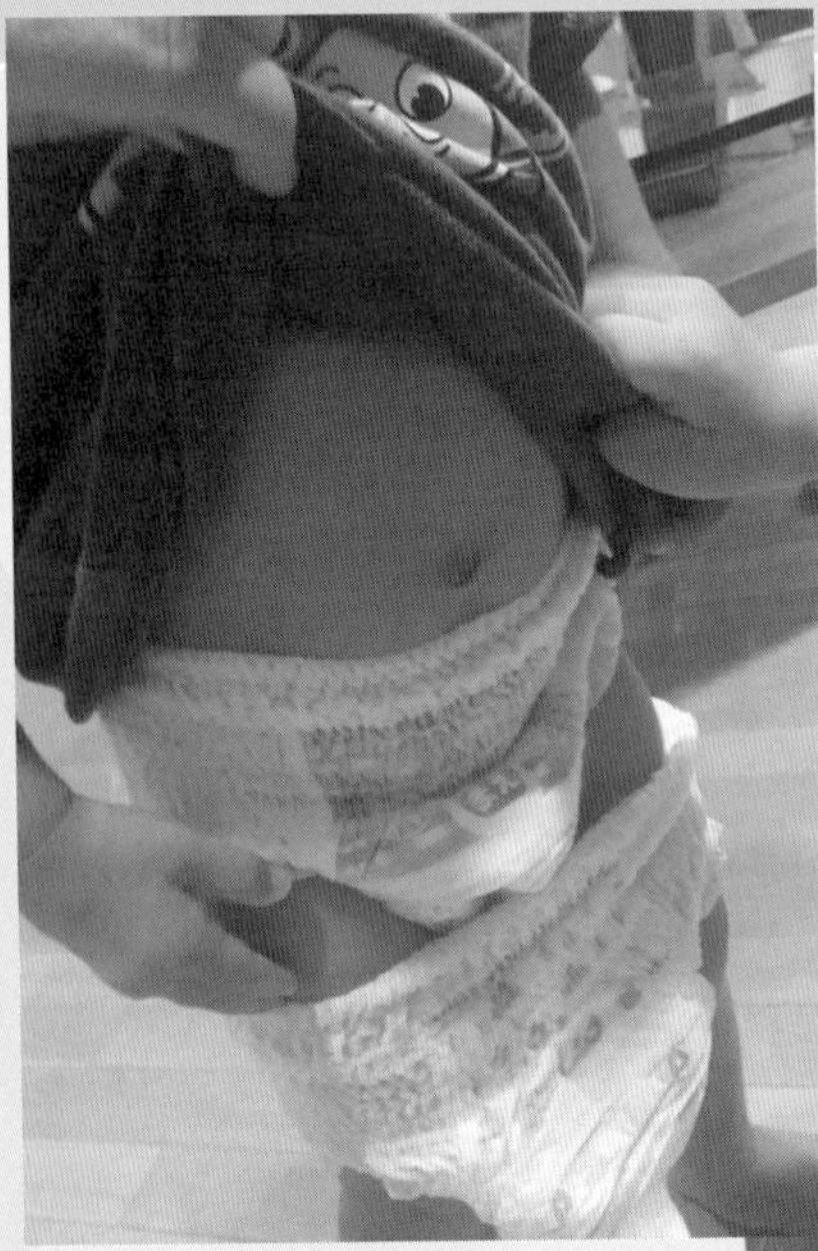

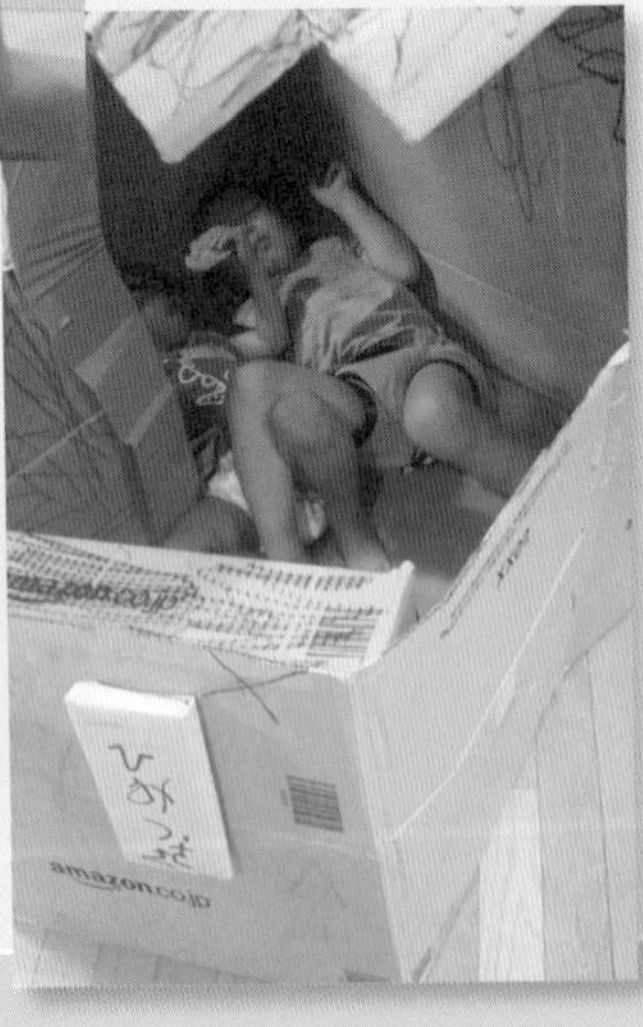
amazon.co.jp

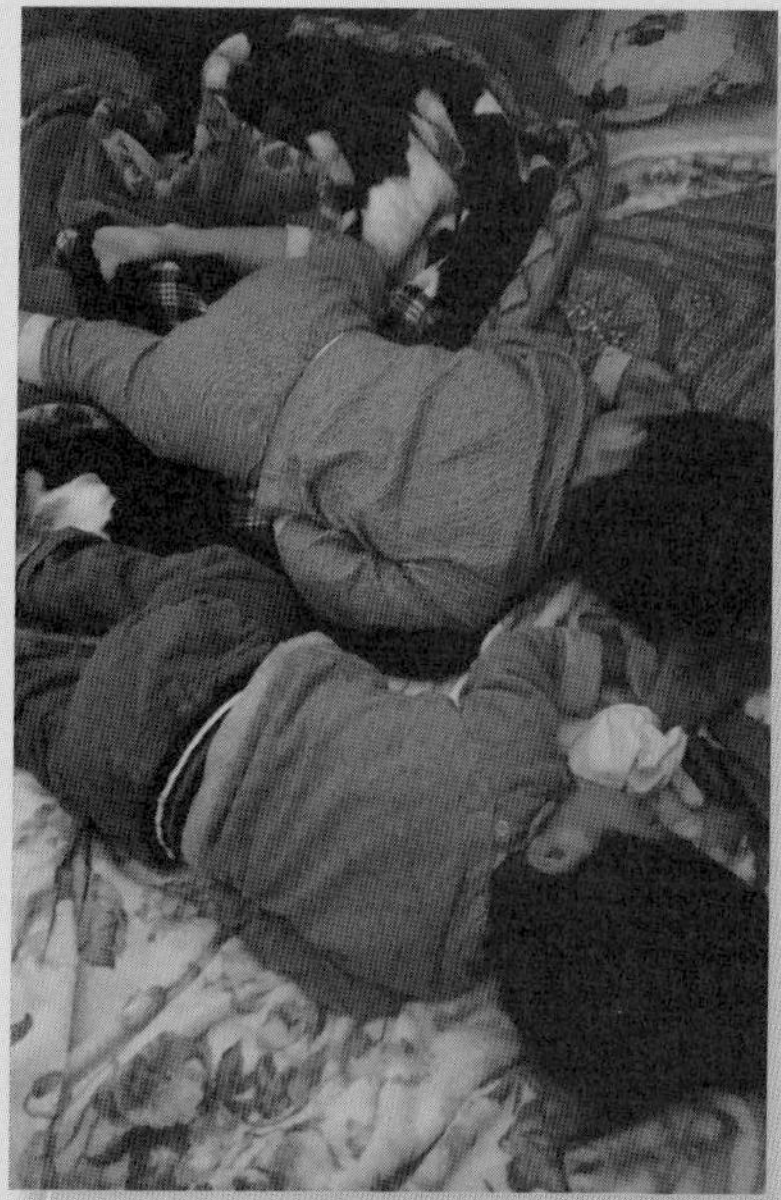

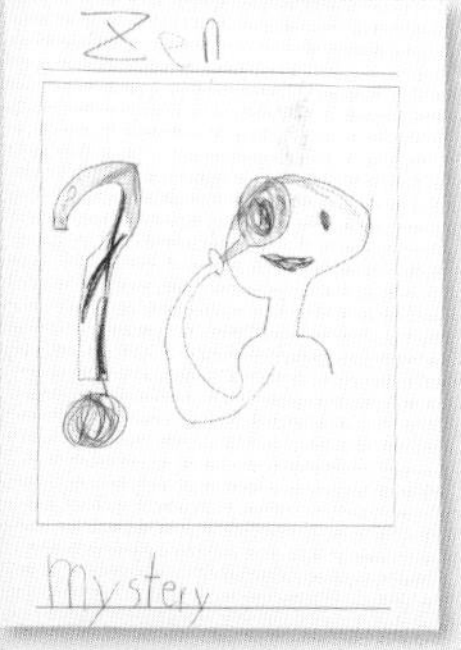
Zen
Mystery

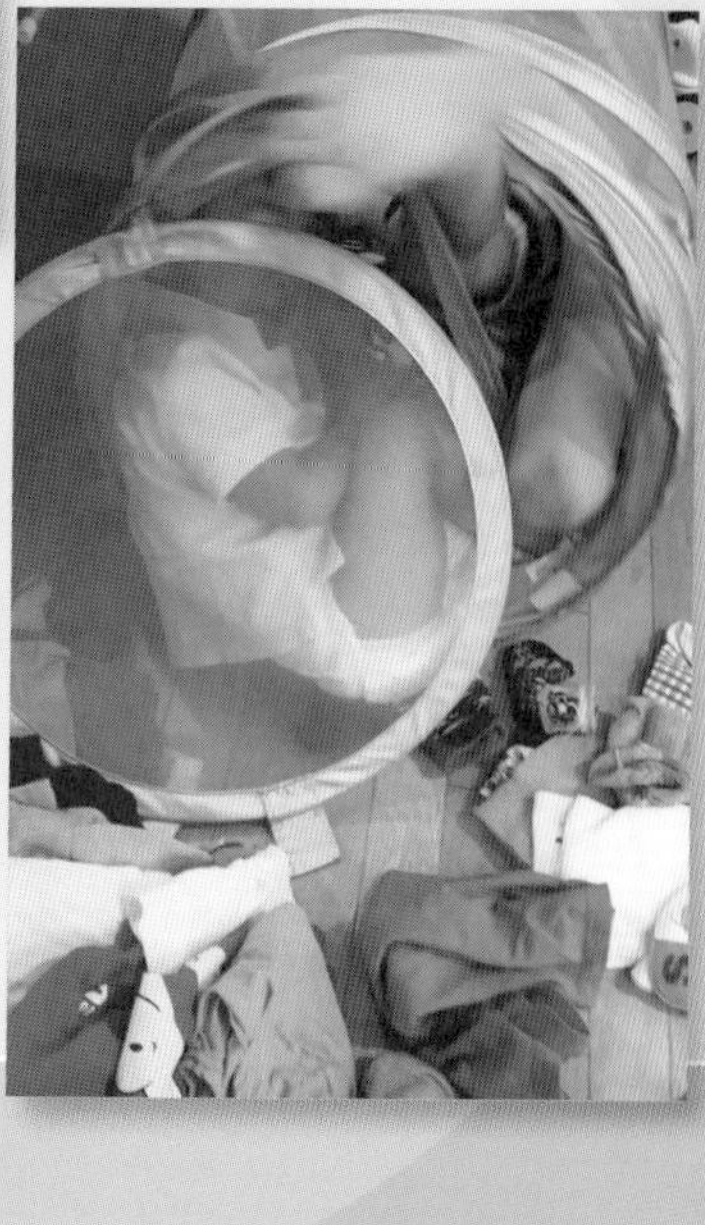

行

25

働く母であるということ

子どもを育てながら働くことは、この国ではまだまだ当たり前ではありません。

私たちが子どもだった時代は（外で）働いていないお母さんが多くいました。

実は私も自分が働くお母さんになるとは、医学部に入学した後でさえ想像ができていませんでした。

自分の母親が専業主婦だったから、私も子どもたちを「おかえり」と笑顔で迎え、おやつを用意しているのだろうと勝手にイメージしていたのだと思います。

本当はそんな優しいお母さんでありたかったけれど（まあきっと、働いていなくてもハチャメチャな母ちゃんだろうけれど）、すごく頑張って医者になったから、私は今、ガミガミキリキリと格闘しながらもなんとか働いています。

確かに「両立どころの騒ぎじゃない」のですが、「子どもを産んでも働きなさい」「女性は皆輝きなさい」といった今の時代の流れにのみ込まれて、惰性で働いているというわけではないのです。

だって、数年後に、たとえばこう言われる時代がくるかもしれない。

「ワーママって言葉、少し前に流行ったよね」
「今の時代は専業主婦でしょ」
「お母さんが働いていると子どもがおかしくなる」

少し極端な例かもしれないけれど、ちゃんと「自分で決めた」という軸を持っていないと、今の自分の英断を悔やむことになりかねないから、「自分で決めて」働いています。

私は誰かのせいにするのとか、「みんながこうだから」とかいうのが苦手です。

それをすると、決まって「ああすれば良かった」「もっとこうなっていたかもしれないのに」と、後悔とか怒りが襲ってきて、ぶつけられもしない誰かを恨むような気持ちが私を支配しようとするから。

だから私は、冷めています。
「時代は手のひらを返します」
「世間は助けてくれません」
「嵐に放り込まれるのは女性です」

だからこそ、それが今はどんなに正しいとされていても、どんなに流行しているとしても、どんなに魅力的に見えたとしても、いったん考えてみたいといつも思うのです。

私の流れを変えるのは「今の自分」
「今の自分」が頼るのは、「10年後の自分」

迷うことがあるのなら、

「ねえ、後悔しない？」

10年後の私にそう自問してみます。

たとえ今が辛くても「10年後の自分」がうれしいなら、**今は険しい道を進みたい**と思います。

たとえ今がどんなに楽しくても「10年後の自分」が後悔するならば、この今を変えたいと思います。

まあ、けっこう頻繁に（！）息切れしたり、イヤになっちゃうこともしょっちゅうですが。笑。


流されなくていい。

ぶれなくていい。

誰かのせいではない。

私のことで責任を負ってくれる「家族」と、本気で愛してくれるわずかな「友人」と、「10年後の自分」を信じられる「今の自分」を大切に。

自分で決めて、自分らしく生きていきたいと思います。

おわりに

本書を手に取ってくださり、ありがとうございます。

この本を書くにあたって、私が一番こだわったのは「飾りのない母親」「等身大の自分」を、ありのままに出すことでした。タイトル通りの迷走感や慌ただしさをお伝えできているでしょうか。


私は子育てのスペシャリストではありません。どうすれば育児の悩みがなくなるかなんて、さっぱりわかりません。それどころか毎日のように考え方が変わります。これでよかったのかな？　あれ、違っていたのかも？　と。

でも、育児は「なまもの」だから、きっとそれでいいのだと思います。今はただ、まだ自立をしていない、放っておいたら生きられない、この時期だけの彼らをたくさん見て、記憶して、抱きしめて過ごすことを大切にしようと。

子どもが親から虐待を受けて亡くなったというニュースを耳にすると、ただ悲しくて涙を流すだけの無力な自分が嫌になるし、こんな本を書いているくせに、もしかしたら、いつか自分が子どもを被害者にしてしまうのではないかと震えることがあります。こんなに裕福で贅沢な現代においてさえ、決して他人事ではなく、人は時代ごとに見えない闇を抱えているのだと思います。

つい数世代前には、子どもを幾人も産む時代がありました。故郷を蹂躪《じゅうりん》されようが、家族を失おうが、戦争や飢饉《ききん》の時代をご先祖様が生き延びてくれたから、今の私たちがあるのです。自分の命は自分だけのものではなく、各時代を生きた親がつないでくれたプレゼントです。私たちの子どもだって、現代を生きる私たちが死守している愛の証なのだと誇りに思います。

今、日本で空爆があるわけではないですが、震災やテロがありました。命に関わらないけれど気持ちが追い詰められる問題もたくさん起きます。ただ、いつでも変わらないのは、同じ時代を生きる母親は同志だということです。その母たちが守った命も、また次世代で同志です。気軽に批判の文字を浴びせたり、大人数が無記名で一人を追い詰めたりする社会ではなく、同志の多様性を許容する社会であってほしいです。得手不得手《えてふえて》が人によって違うからこそ、それぞれの役割が生まれ社会が成り立つのだと思います。

これは私自身に言い聞かせていることでもあります。子どもが引っ込み思案でも荒々しくても、結局母親は悩むのだから、どうせなら子どもの「いいところ」を見つけることを楽しんで、社会での役割を探す手助けをしよう。彼らが自分で決めた進路、仕事、パートナー、人生において、限られた中でも自分なりの楽しみを見つけてほしいから、まずは私がその見本になれるよう「親の理想」を押し付けるのをやめたいなと思うのです（それがとっても難しいのですが！）。

今、ようやく私は一冊の本を書きあげようとしています。
寂しさからか安堵からか、六月も終わろうとしているのに、最近の私は五月病のような無気力発作と戦っています。偉そうにこんな本を書いているくせに何をやってるんだと自分でも呆れてしまいます。
そんな私ですから皆さんのお手本にはなれませんが、本書を手に取ってくださった方が「この本の中には同志がいる」と、少しでも楽になってくれたら幸せです。

実は私も今回、同志の存在があったからこの本を書きあげることができました。編集を担当してくださった今野さんは、「同じ時代に子育てをする同志」であり、「母親の味方をする本を作るための同志」でした。今野さんの力がなければ、この本は仕上がりませんでした。心から感謝しています。また、装丁の大久保さん、本文デザインの今井さん、素敵な本にしてくださり、ありがとうございました。
そしていつでも私のそばにいてくれる家族、親戚、友人、読者の皆様、いつもありがとうございます、大好きです。

須藤暁子

本書は書き下ろしです。

なお、カバー・本文に使用の写真・絵画・
工作は、著者撮影・本人所有のものです。

カバーデザイン　大久保伸子

本文レイアウト　今井秀之

校正　鷗来堂

須藤暁子（すとう・あきこ）

1983年群馬県生まれ。放射線治療医。男児二人を育児中。

仕事、育児、家事に奮闘するハプニングまみれの日々を綴るブログ「Dr.須藤暁子の読むおくすり」とインスタグラムは、「共感力最強!!」と母親たちの間で話題に。

本書は、既刊のロングセラー『子育て奮闘中の母ちゃんドクターが書いた「男の子ママ」の悩みをぶっとばす言葉』『両立どころの騒ぎじゃない。男児2人を育てる母ちゃんドクターのフルスロットルな24時間』（ともにKADOKAWA刊）に続く3冊目。

Dr.須藤暁子の読むおくすり
http://ameblo.jp/akko-1005/

須藤暁子インスタグラム
http://www.instagram.com/akiko_suto/

なりたい母《かあ》ちゃんにゃなれないが
失敗《しっぱい》たくさん、時々晴《ときどきは》れの迷走育児録《めいそういくじろく》

2018年7月30日　第1刷発行

著　者　須藤暁子《すとうあきこ》
発行者　茨木政彦
発行所　株式会社集英社
〒101-8050　東京都千代田区一ツ橋2-5-10
電話　編集部 03-3230-6143
読者係 03-3230-6080
販売部 03-3230-6393（書店専用）
印刷所　図書印刷株式会社
製本所　株式会社ブックアート

ISBN978-4-08-781659-4 C0095